MEISTERE**ROCK** GITARREN**MODI**

Eine Anleitung zum Erlernen und Anwenden der
Rock- und Shred-Metal-Gitarren-Modi mit Chris Zoupa

CHRIS**ZOUPA**

FUNDAMENTAL**CHANGES**

Meistere Rockgitarren-Modi

Eine Anleitung zum Erlernen und Anwenden der Rock- und Shred-Metal-Gitarren-Modi mit Chris Zoupa

ISBN: 978-1-78933-160-8

Veröffentlicht von **www.fundamental-changes.com**

Copyright © 2018 Chris Zoupa & Joseph Alexander

Herausgegeben von Tim Pettingale

Das moralische Recht dieses Autors wurde geltend gemacht.

Über 11.000 Fans auf Facebook: **FundamentalChangesInGuitar**

Instagram: **FundamentalChanges**

Für über 350 kostenlose Gitarrenlektionen mit Videos Besuche

www.fundamental-changes.com

Copyright des Titelbildes: Chris Zoupa mit Genehmigung verwendet

Mit besonderem Dank an Udo Klockenhoff für die wertvolle redaktionelle Mitarbeit.

Inhaltsverzeichnis

Vorwort

Ich begann Gitarrenunterricht zu geben, als ich 15 Jahre alt war. Ich sprach mit ein paar anderen Jungs in der Schule darüber, „für ein bisschen Shredding vorbeizukommen". Mein Verkaufsgespräch bestand aus „Ja, ich unterrichte" und „Ja, ich kann dir einiges zeigen". Ich hatte auch eine Anzeige in der Schülerzeitung geschaltet, die lautete:

Rock- und Metal-Gitarrenunterricht. 1. Stunde kostenlos!

Irgendwann klingelte das Telefon, und jemand *erkundigte* sich nach Gitarrenunterricht.

Zunächst geriet ich Panik bei der Idee, dass Leute MICH bezahlen würden, um ihnen Gitarre beizubringen. Die Realität war, ich hatte keinerlei Ausbildung, wenig Wissen und kaum eine Idee, wie man Informationen weitergibt. Im Grunde genommen musste ich improvisieren. Aber ich hatte Glück. Ich fand heraus, dass ich ein Talent dafür hatte und verliebte mich sofort ins Unterrichten. Natürlich bestanden die ersten Jahre, wie die der meisten jungen Lehrer, darin, mit Metallica, Megadeth, Slayer und Guns N' Roses Riffs herumzuspielen – all das Zeug, das Spaß machte.

Als ich etwa 19 Jahre alt war, begannen mich Musiktheorie, Improvisation und Komposition zu interessieren und ich war besonders von den Modi fasziniert. Je mehr ich sie benutzte und je mehr Verständnis ich hatte, desto mehr wollte ich sie lehren und anderen das zeigen, was ich selbst für „erstaunliche Entdeckungen" hielt. Es war mir egal, wer es war, ich brauchte nur *jemanden,* mit dem ich meine Begeisterung teilen konnte – auch wenn es nur ein schmächtiger Junge war, der kaum die Gitarre halten konnte.

Jetzt, als einunddreißigjähriger Herr (hier sei ein ganz erwachsener Seufzer eingefügt), beschloss ich, ein Buch zu schreiben, um denen zu helfen, die einen Leitfaden zu den Modi in einfacher Sprache wünschen. Ein Buch, das Gitarristen zeigen würde, wie man die Modi im Kontext benutzt, ohne Angst davor, dass man falsche Noten spielt, oder schlimmer, einem der Kopf explodiert. Ich weiß schon gar nicht mehr, wie oft ich angefangen habe, einem Schüler die Modi zu erklären und sagte „Mixoldydisch" oder „Lokrisch". Sie haben mich gewöhnlich mit einem Blick angesehen, der mir sagte: „Tut mir leid. Ich wusste nicht, dass ich für einen Astrophysik-Kurs bezahle, der in Alt-Aramäisch abgehalten wird!"

Ich hoffe, dass dieses Buch deine Angst vor neuen, beängstigenden Wörtern beseitigt *und* dir das Vertrauen und Verständnis gibt, die modale Musiktheorie anzuwenden. Der Moment, in dem du beginnst, die Modi und ihre theoretische Anwendung zu verstehen, ist aufregend und befreiend. Es wird einen großen Einfluss auf deine Komposition von Akkordfolgen, Riffs, Soli und den Umgang mit Improvisation haben.

Hat da jemand gesagt: „Dies ist ein guter Ort, um ein m7b5-Arpeggio einzustreuen"?!!

Nun, lasst uns beginnen.

Chris

Eine Einführung in die Modi

Seit Anbeginn der Zeit haben die Modi die Leute verrückt gemacht – vor allem die Gitarristen. Die anspruchsvollen und aufgeblasenen Musiker der Welt haben ihr modales Wissen genutzt, um selbstgefällig von ihren Sockeln herabzuschauen. Sie tun uns als „theorielosen, autodidaktischen Pöbel" ab und geben uns das Gefühl, umso schlichter und einfältiger zu sein.

Bevor wir uns zu weit in die Tiefen der Theorie bewegen, müssen wir in der Lage sein, eine sehr einfache Frage zu verstehen und zu beantworten: *Was ist ein Modus?* Wir müssen seinen Zweck sowie seine theoretische und praktische Anwendung verstehen, damit wir ihn nutzen können, um fantastische Musik zu machen.

Einfach gesagt ist ein Modus eine Tonleiter, die aus den Noten einer übergeordneten Tonleiter abgeleitet ist. Wenn man beispielsweise die übergeordnete Tonleiter von C-Dur (C D E F G A B) betrachtet, besteht der zweite Modus aus den Noten D E F G A B C. Der dritte Modus besteht aus den Noten E F G A B C D und so weiter.

Eine Dur-Tonleiter besteht immer aus einem festen Muster von Tönen und Halbtönen. Wenn wir uns unsere C-Dur-Tonleiter ansehen, können wir das sehen,

C bis D = Ganzton

D bis E = Ganzton

E bis F = Halbton

F bis G = Ganzton

G bis A = Ganzton

A bis B = Ganzton

B bis C = Halbton

(aus Gründen der Zweckmäßigkeit als G G Ht G G G Ht notiert)

Wenn wir von einer anderen Note der Tonleiter ausgehen, um einen Modus zu erstellen, erstellen wir ein anderes Muster von Ganz- und Halbtönen. Zum Beispiel: Beginnen wir mit einem D, erhalten wir

D bis E = Ganzton

E bis F = Halbton

F bis G = Ganzton

G bis A = Ganzton

A bis B = Ganzton

B bis C = Halbton

C bis D = Ganzton

(G **Ht G** G G Ht G)

Dieses Muster von Ganz- und Halbtönen unterscheidet sich *stark* von dem Muster von Ganz- und Halbtönen in unserer ursprünglichen C-Dur-Tonleiter. Wenn wir also nur eine Dur-Tonleiter spielen, die mit einer anderen Note beginnt, können wir sehr einfach eine ganz andere Stimmung in der Musik erzeugen.

Dies kann schwierig zu hören sein, wenn man einfach nur eine isolierte Folge von Noten spielt (z. B. von D nach D oder E nach E). Wenn wir jedoch die Modi *harmonisieren* (Akkorde aus ihnen machen) und über Akkordfolgen spielen, die aus Akkorden des Modus aufgebaut sind, nehmen sie schnell sehr unterschiedliche Charaktere an. Wir haben den flippigen, entspannten Jazz des dorischen Modus (D bis D), den Country-Blues des mixolydischen (G bis G) und die dunkle, verdrängende Dissonanz des lokrischen (B bis B).

Modi werden verwendet, um verschiedene Stimmungen, Gefühle und Texturen zu vermitteln. Sie werden oft verwendet, um einen präzisen Klang oder eine Stimmung zu erzeugen, die ein bestimmtes Musikgenre charakterisiert. Modi können sogar verwendet werden, um einen Klang zu erzeugen, der an bestimmte Zeiträume, Länder, Religionen oder Kulturen erinnert.

In diesem Buch werden wir die sieben Kirchenmodi behandeln: Ionisch, Dorisch, Phrygisch, Lydisch, Mixolydisch, Äolisch und Lokrisch. Jeder Modus, den wir besprechen, wird mit seiner übergeordneten Dur-Tonleiter verglichen. Dies soll dir helfen zu verstehen, warum er anders klingt.

Inzwischen fragst du dich wahrscheinlich:

„Wie erzeugt das Spielen einer Tonleiter mit genau den gleichen Noten, aber in einer anderen Reihenfolge einen anderen Klang?"

Das ist eine gute Frage.

Eine einfache Erklärung ist, dass, obwohl wir die gleichen sieben Noten verwenden, der Grundton oder Startton für jeden Modus unterschiedlich ist. Der Startton ist die Note, mit der die jeweilige Tonleiter beginnt und endet. Es gibt auch einen zugehörigen Grund-Akkord, der wunderbar mit dem Modus funktioniert. Auch wenn die Noten gleich sind, bedeutet die Änderung des Starttons, dass sie unterschiedlich funktionieren. Tatsächlich haben die Noten von Modus zu Modus unterschiedliche Bedeutung.

Lass uns das etwas genauer untersuchen:

In der Tonart C-Dur ist der Grundton das C und der zugehörige Akkord ist der C-Dur Akkord. Die *starken* Akkordklänge in C-Dur sind C-Dur, F-Dur und G-Dur. Jeder melodische Lick oder jede Melodie, die du spielst, wird in Bezug auf diese starken Akkorde gehört und deine Ohren interpretieren es als "fröhlich".

Wenn wir mit der zweiten Note in der C-Dur-Tonleiter (D) beginnen, sind wir jetzt in D Dorisch. Der Startton ist D und der zugehörige Akkord ist D-Moll. Die *starken* Akkordklänge in diesem Modus sind D-Moll, G-Dur (oder G7) und A-Moll. Jede Melodie, die du spielst, ist in Bezug auf diese starken Akkorde zu hören (normalerweise der erste, vierte und fünfte Akkord in der harmonisierten Tonleiter), und plötzlich klingen deine Melodien völlig anders. Obwohl du die gleichen Töne der C-Dur-Tonleiter spielst, interpretieren deine Ohren sie jetzt als „traurig" oder „melancholisch", weil du alle Tonleitertöne in Bezug auf verschiedene starke Akkorde hörst.

Jeder Modus hat seinen eigenen Charakter und seine eigene Stimmung und die Akkorde, die von jedem Modus erzeugt werden, sind wie die Farbe einer Wand, an der man ein Bild aufhängt. Das gleiche Bild kann eine andere Stimmung hervorrufen, nur weil es auf einer Wand mit einer anderen Farbe hängt.

Jetzt werden wir die Modi untersuchen. Wir beginnen damit, jeden einzelnen Modus über eine Oktave zu lernen, um ein sofortiges Verständnis für seinen charakteristischen Klang und seine Intervalle zu erlangen. Dann tauchen wir tief in eine gründliche Analyse mit vielen Beispiel-Licks ein.

Hol dir das Audio

Die Audiodateien zu diesem Buch stehen unter **www.fundamental-changes.com** zum kostenlosen Download zur Verfügung. Der Link befindet sich oben rechts in der Ecke. Wähle einfach diesen Buchtitel aus dem Dropdown-Menü aus und folge den Anweisungen, um das Audio zu erhalten.

Wir empfehlen dir, die Dateien direkt auf deinen Computer herunterzuladen, nicht auf dein Tablet, und sie dort zu extrahieren, bevor du sie zu deiner Medienbibliothek hinzufügst. Du kannst sie dann auf dein Tablet, deinen iPod kopieren oder auf CD brennen. Auf der Download-Seite gibt es ein Hilfe-PDF und wir bieten auch technischen Support über das Kontaktformular.

Hol dir dein kostenloses Audio auf **www.fundamental-changes.com**

Kapitel 1: Ionisch verstehen

Der Beginn der modalen Reise kann erschreckend sein. Es ist eine Suche voller neuer und beängstigender Worte, begleitet von der ungerechten Großspurigkeit dieses Jazz-Nerds, der gerne denkt, dass er dir etwas voraus hat!

Nachdem wir uns nun mit den Grundlagen der Modaltheorie beschäftigt haben, werden wir den *Klang* jedes Modus nacheinander erforschen und einige Licks lernen, die seine einzigartige Klangfarbe unterstreichen. Ich werde auch einige Songs vorschlagen, die du dir anhören kannst, basierend auf jedem Modus.

Beginnen wir bei Null und sprechen wir über den ionischen Modus. Der ionische Modus, der für seine fröhliche Natur bekannt ist, wird oft verwendet, um in der klassischen Musik und Filmmusik erhebende Momente zu schaffen. Er wird seit Jahrhunderten in Kinder- und Schlafliedern verwendet und ist seit über 60 Jahren häufig in der Popmusik zu hören.

Lass dich von diesem mystischen neuen Wort nicht täuschen – du hast diesen Modus bereits fast eine „Bajillion" Mal in deinem Leben gehört.

Anmerkung: Die Zahlenbezeichnung „Bajillion" existiert nicht wirklich und es gibt keine Wissenschaft, die meine vorherige Aussage stützt.

Teil 1: Den ionischen Klang finden

Der ionische Modus ist der erste der sieben diatonischen Modi und wird oft einfach als „die Dur-Tonleiter" bezeichnet. Er wird hauptsächlich verwendet, um ein Gefühl von Triumph und Freude zu vermitteln und du wirst ihn immer wieder in der modernen und klassischen Popmusik gehört haben. Es ist der fröhlichste der sieben Modi und am einfachsten zu identifizieren.

Die Dur-Tonleiter ist die Grundlage aller „Regeln" der Musik, die es seit Jahrhunderten gibt. Sie ist der Maßstab, mit dem alle anderen Tonleitern beschrieben werden, und als solche hat sie eine sehr einfache Formel.

Beginnend mit einer beliebigen Note auf der Gitarre und aufsteigend folgt die Dur-Tonleiter dem Muster „Ganzton Ganzton Halbton Ganzton Ganzton Ganzton Halbton". Dieses Muster von Noten erhält die Formel 1 2 3 4 5 6 7.

Betrachten wir den Klang und die Eigenschaften des ionischen Modus. Höre dir die Beziehung zwischen den Noten genau an und überlege, welche Stimmung die Tonleiter vermittelt. Hier ist ein Beispiel für den ionischen Modus in einer Oktave in der Tonart C-Dur. Versuche, ihn über den C-Ionisch Backing-Track zu spielen.

C-Ionisch: C D E F G A B C

Beispiel 1a:

Die Intervalle (Abstände zwischen den einzelnen Noten) der ionischen Tonleiter sind G G Ht G G G Ht (G = Ganzton; Ht = Halbton).

Die Tonleiterformel für den ionischen Modus lautet 1 2 3 4 5 6 7

Tipp: Versuche, dir im Laufe der Zeit die Intervalle für jeden Modus zu merken. Dies wird dir helfen, die Eigenschaften, Emotionen und Superkräfte jedes Modus zu unterscheiden!

In jedem Modus definiert das dritte Intervall, ob es Dur oder Moll ist. Eine große Terz (vier Halbtöne) sagt uns, dass die Tonleiter Dur ist und eine fröhliche Qualität haben wird. Eine kleine Terz (auch bekannt als b3 = drei Halbtöne) sagt uns, dass die Tonleiter Moll ist und eine traurige Qualität haben wird.

Neben den Terzen sind die wichtigsten „Charakter"-Intervalle des ionischen Modus die Quarte und die Septime. Diese Noten unterscheiden ihn von den lydischen und mixolydischen Modi (die beiden anderen Hauptmodi, die eine große Terz enthalten).

Es ist schwierig, die einzigartigen Eigenschaften eines Modus zu hören, wenn man ihn isoliert spielt. Wir können ein besseres Gefühl für seinen Charakter bekommen, wenn wir hören, wie er über eine einfache Sequenz gespielt wird, die aus den Akkorden des Modus besteht.

Beispiel 1b ist eine ionische Akkordfolge. Spiele zuerst die Akkorde durch, dann die aufsteigende und absteigende Version der Tonleiter. Versuche, die Tonleiter über den mitgelieferten Backing-Track in C-Dur zu spielen und erstelle deine eigenen Melodien. Höre, welche Noten eine Spannung erzeugen und welche Töne aufgelöst klingen.

Beispiel 1b: C Ionische Akkordfolge und Tonleiter aufsteigend & absteigend

Die Kombination dieser Akkorde, auch ohne Tonleiterläufe, reicht aus, um den typisch fröhlichen, ionischen Klang zu erzeugen, da sie wichtige Noten der Tonleiter enthalten. Beim Malen eines modalen „Bildes" geht es nicht nur um die Noten der Tonleiter – es geht um die Akkorde und Harmonien, die innerhalb der Tonleiter auftreten, und um das Zusammenspiel der Melodie mit diesen Akkorden.

Tipp: Ein spezielles Studium der Musiktheorie, der Tonleiterformen und des Noten-/Intervallwissens wird dich sicherlich zu einem besser *ausbildeten* Gitarristen machen, aber nichts geht über das Verständnis des melodischen Klangs und des Gefühls, das ein Modus erzeugt. Das ist etwas, was sich in deinem Inneren als Gitarrist entwickelt – du kannst es nicht auf ein Blatt Papier schreiben und auf dem Griffbrett spielen.

Hier sind einige bekannte Songs, die um den ionischen Modus herum entstanden sind, die du dir anhören und analysieren kannst:

- Better Be Home Soon – Crowded House

- Let It Be – The Beatles

- You And Me – Lifehouse

- Stand By Me – Ben E. King

- Runaway – The Corrs

Höre dir genau an, wie diese Songs klingen, und prüfe, ob du andere Songs identifizieren und zur Liste hinzufügen kannst.

Teil 2: Die diatonischen Akkorde des ionischen Modus

Ich habe erwähnt, dass jeder Modus bestimmte Akkorde hat, die zu ihm gehören, und jetzt werden wir uns ansehen, wie man sie konstruiert. „Diatonische Akkorde" bezieht sich einfach auf Akkorde, die auf jeder Tonleiterstufe gebildet werden. Um zu verstehen, welche Akkorde zu welchem Modus gehören, hilft es enorm, wenn man sie in einem musikalischen Kontext verwendet.

Denke daran, dass die Noten von C-Ionisch C D E F G A B sind.

Um einen Akkord zu bilden, stapeln wir einfach Noten aus der jeweiligen Tonleiter. Zum Beispiel beginnen wir mit der C-Durtonleiter. Wir nehmen die 1., 3. und 5. Note (C E G) und spielen sie zusammen, um so einen C-Dur-Akkord zu bilden.

(C) D **(E)** F **(G)** A B C

Als nächstes gehen wir zu der Note D über und behandeln sie als unsere „1". Die 1., 3. und 5. Note (D F A), zusammengespielt, bilden einen D-Moll-Akkord.

Die Wiederholung dieses Vorgangs für jede Note von C-Dur führt zu den folgenden Akkorden:

C-Dur (C E G)

D-Moll (D F A)

E-Moll (E G B)

F-Dur (F A C)

G-Dur (G B D)

A-Moll (A C E)

Bm7b5 (B D F A)

In der „richtigen Musiktheorie" (ich weiß, laaaangweilig) erhält jeder Akkord eine römische Zahl, um ihn zu identifizieren. Normalerweise verwendet man Großbuchstaben für Dur-Akkorde und Kleinbuchstaben für Moll-Akkorde.

Unter Berücksichtigung der einzelnen Töne des ionischen Modus stellt sich die harmonisierte Tonleiter wie folgt dar:

I	ii	iii	IV	V	vi	vii
Dur	Moll	Moll	Dur	Dur	Moll	Moll7b5 (oder

Hier werden sie als einfache offene Akkorde gespielt:

Beispiel 1c:

Diese Akkorde sollten dir bekannt sein, da sie für das Gitarrenspiel grundlegend sind und die Mehrheit der „Anfänger"-Gitarrenlieder ausmachen. Versuche, damit ein paar Akkordfolgen zu schreiben, am besten mit einem C-Dur-Akkord am Anfang und am Ende, damit du ein Gefühl für den ionischen Klang bekommst. Hier sind ein paar Beispiele:

Beispiel 1d – Sequenz 1:

Beispiel 1e – Sequenz 2:

Teil 3: Das Solospiel im ionischen Modus mit Tonleitern und Arpeggios

Ich habe das wahrscheinlich im Laufe der Jahre tausende Male zu Schülern gesagt: „Am Anfang ist es oft schwer zu wissen, wo man anfangen soll, wenn man ein modales Solo spielt." Um es mir also leichter zu machen, bevor ich anfange zu schreiben oder zu improvisieren, stelle ich mir diese Fragen:

1. Was ist der Drei-Noten-pro-Saite-Fingersatz für diesen Modus vom Grundton aus?

2. Welche Art von Pentatonik kann ich verwenden, z.B. normal, erweitert oder die Mollparallele?

3. Welche Arten von Arpeggios unterstreichen den Klang des Modus?

Betrachten wir diese Fragen der Reihe nach, bevor wir eine Menge cooler Licks lernen, die jeden Ansatz nutzen.

Zuerst nehmen wir die einfache ionische Tonleiter, die wir am Anfang des Kapitels kennengelernt haben und verwenden sie über die sechs Saiten mit einem Drei-Noten-pro-Saite-Fingersatz.

Beispiel 1f:

Dies ist der schnellste Weg, um den Modus über mehr als zwei Oktaven hinweg zu spielen und zu hören. Es ist ein Pattern, welches ziemlich einfach beim Komponieren und Improvisieren verwendet werden kann. Spiele es über den Backing-Track in C-Dur.

Pentatonik

Eine weitere effektive Möglichkeit, den ionischen Modus zu spielen, besteht darin, nur fünf seiner sieben Töne zu verwenden und sie in eine pentatonische Tonleiter zu verwandeln. Die pentatonische Durtonleiter besteht aus der ersten (C), zweiten (D), dritten (E), fünften (G) und sechsten (A) Stufe der ionischen Tonleiter. Wenn man fünf statt sieben Töne hat, gibt es weniger Töne zwischen Grundton und Oktave, was größere Intervalle schafft und uns ermöglicht, größere harmonische Sprünge zu machen. Werfen wir einen Blick auf diese Tonleiter in dem folgendem Pattern.

Beispiel 1g:

Wenn du das Gefühl hast, dass dieses Pattern zu restriktiv ist, kannst du Slides verwenden und das pentatonische Pattern diagonal über das Griffbrett spielen.

Beispiel 1h:

Nebenbemerkung: C-Dur-Pentatonik und A-Moll-Pentatonik beinhalten die identischen Noten, die nur in einer anderen Reihenfolge gespielt werden:

C-Dur-Pentatonik = C D E G A

A-Moll-Pentatonik = A C D E G

Das bedeutet, dass du sie gegeneinander austauschen kannst. Wenn du in C-Ionisch oder A-Äolisch spielst, können beide Formen über beide Modi verwendet werden. Hier stehen sie Seite an Seite:

Beispiel 1i:

Wenn du dich mit der Moll-pentatonischen Form besser auskennst, verwende diese. Denke daran, dass du deinen ursprünglichen Drei-Noten-pro-Saite-Fingersatz und die pentatonische Tonleiterform verwenden kannst, um Dinge zu vermischen und die Monotonie des Auf- und Ablaufens eines Patterns zu durchbrechen.

Arpeggios

Eine weitere coole Möglichkeit, den Klang des ionischen Modus zu betonen, ist die Verwendung von Dur-Dreiklang-Arpeggios. (Das sind die einfachen Akkorde, die wir zuvor betrachtet haben: C-Dur - C E G, D-Moll - D F A usw.). Wir können diesen Dreiklängen auch eine vierte Note hinzufügen, um ein Major-7-Arpeggio zu erzeugen (Cmaj7 hat die Noten C E G B). Beispiel 1j veranschaulicht, wie das Dreiklang-Arpeggio (bestehend aus der 1., 3. und 5. Note der C-Ionisch Tonleiter) im Vergleich zum Major-7-Arpeggio (1., 3., 5. und 7.) klingt.

Beispiel 1j:

Beispiel 1k:

Experimentiere mit beiden Arpeggios. Gerade Dreiklänge können ein wenig vorhersehbar klingen. Wenn man die große Septime aber zu häufig einsetzt, kann es zu jazzig klingen.

Du kannst sowohl Dreiklang- als auch Major-7-Arpeggios in einem tieferen Register mit verschiedenen Formen spielen:

Das Erlernen von mehr Arpeggio-Positionen bietet dir mehr Optionen und bedeutet, dass du zwischen endlosen Ideen wechseln kannst, die sich über das Griffbrett erstrecken. Höre dir die zahlreichen Arpeggio-Umkehrungen des gleichen Akkords an, der auf Jason Beckers Meisterwerk *Perpetual Burn* verwendet wurden. Der Titeltrack hat eine erstaunliche Abfolge von Arpeggios, die in 1 Minute und 41 Sekunden miteinander verbunden werden.

Abschließend möchte ich dir meine beiden Lieblingsarten zeigen, wie du ein Major-7-Arpeggio so spielst, dass es alle sechs Saiten umfasst. Diese erste Form beginnt mit der großen Septime (B) und spielt dann die Tonleiterintervalle 1., 3. und 5. In der Mitte des Arpeggios befindet sich ein Slide, der die Position der Hand für den Dur-Dreiklang vorbereitet. Er hilft auch, dass das Arpeggio weniger roboterhaft und eher wie eine Phrase klingt.

Beispiel 1l:

Die zweite Form beginnt ebenfalls mit der Major-7 und erstreckt sich über drei Oktaven. Diese Form ist besser vorhersehbar, da jede Oktave identisch gespielt wird. Ich habe gesehen, wie Gitarristen wie Marty Friedman (Megadeth, Cacophony) und Corey Beaulieu von Trivium diese Form in einigen Soli spektakulär einsetzen!

Beispiel 1m:

Experimentiere bei diesem Arpeggio mit verschiedenen Fingersätzen. Du musst nicht immer von der Septime oder dem Grundton ausgehen. Deine Hauptüberlegung sollte sein, wie das, was du spielst, über die Akkorde und die Tonart klingt.

Tipp: Diese Formen funktionieren im lydischen Kontext gleichermaßen gut. Das bedeutet, dass du sie über einen I-Akkord (ionisch) oder IV-Akkord (lydisch) in jeder Akkordfolge spielen kannst.

Okay, hier ist der Teil, auf den du gewartet hast, lass uns einige meiner Lieblings-Ionisch-Licks lernen.

Teil 4: Ionische Licks, die dir helfen, kreativ zu werden

Ich habe dir bereits einige nützliche Tonleitern und Arpeggioformen gegeben, und an diesem Punkt denkst du vielleicht: „Danke Chris, das ist alles, was ich brauche!" Du kannst dich nun hinsetzen, um zu improvisieren und alles, was du spielst, würde linear und roboterhaft klingen – langweilige Läufe oder, schlimmer noch, Arpeggios rauf und runter! An diesem Punkt würdest du zu dir selbst sagen: „Dieses fiese Sackgesicht! Chris hat uns angelogen. Er hat uns alle angelogen – selbst vor den armen Waisenkindern an Weihnachten hat er nicht zurückgeschreckt!"

Erstens, beruhige dich! Zweitens, habe ich dir noch nicht richtig gezeigt, wie du das Beste aus diesen Ideen herausholen kannst. Für den letzten Teil dieses Kapitels habe ich mehrere ionische Licks vorbereitet, um dir zu zeigen, wie du diese melodischen Ideen in einem musikalischen Kontext ausdrucksstark zusammenbringen kannst.

Der erste Lick, den ich dir zeigen möchte, ist ein pentatonisches Major-Pattern, das sich über das Griffbrett bewegt und mit Slides und Hammer-Ons den Klang bereichert. Spiele alle Ideen in diesem Abschnitt über den C-Ionischen Backing-Track.

Beispiel 1n: C-Dur pentatonischer Lick mit Slides

Ich bin ein großer Fan von Licks wie diesem, die dich ermutigen, das ganze Griffbrett der Gitarre zu benutzen und dich zwingen, Positionswechsel durchzuführen. Sie können dir helfen, aus starren Patterns auszubrechen und können zum Übergang von einer Position zur nächsten verwendet werden.

Im nächsten Beispiel verwenden wir die Position 1 der A-Moll-Pentatonik und bewegen uns dann auf dem Gitarrenhals nach oben.

Beispiel 1o: A-Moll pentatonischer Lick in verschobener Position.

Dies ist eine relativ einfache Idee. Ich entschied mich, gezielt und kurz auf der C-Note zu verweilen – der Grundton eines C-Dur-Akkords. Du kannst aber auch auf die große Terz (E) oder Quinte (G) zielen, um den Akkord zu unterstützen. Deine Zielnoten werden sich ändern, wenn du diesen Lick über einen anderen Akkord in der Akkordfolge spielst, also bastle entsprechend daran. Versuche, mit diesem Lick von einer Moll-pentatonischen Position zur nächsten zu gelangen.

Beispiel 1p verwendet einen ionisches Drei-Noten-pro-Saite-Fingersatz in C-Dur. Es steigt in Triolen aufwärts, variiert aber zwischen 8tel- und 16tel-Noten, um einen Geschwindigkeitsschub zu erzeugen. Ich verwende diesen Ansatz sehr oft bei der Improvisation und beim Komponieren. Ich habe Mark Tremonti ähnliche Licks in ein paar Alter Bridge-Soli spielen sehen.

Beispiel 1p: Tremonti-Stil diatonisch aufgebauter Lick

Nachdem du diesen Lick ein paar Mal durchgespielt hast, wirst du feststellen, dass das Hinzufügen von Geschwindigkeitsvariationen und das Legatospiel großartige Möglichkeiten sind, die Monotonie eines linearen, aufsteigenden Tonleiterlaufs aufzubrechen. Es ist auch sehr interessant, zwischen Legato-Technik und Shredding im selben Lick zu wechseln. Dieser Lick kann auch auf jede beliebige Drei-Noten-pro-Saite Modalform angewendet werden.

Nebenbemerkung: Ich kann in einem zukünftigen Buch auf exotischere, abenteuerlichere Modi eingehen. Es sollte einen frechen, aber mutigen Namen tragen. Bis dahin, lass es uns einfach halten. Es besteht auch eine sehr gute Chance, dass Jens Larsen dieses Buch vor mir schreiben und dabei einen sehr guten Job machen wird. SEUFZ! (Im Ernst, schau dir Jens Larsen auf YouTube an).

Beispiel 1q kombiniert Old School, Chuck Berry-beeinflusste Blues-Rock-Pentatonik mit ein paar zusätzlichen Tonleiternoten, um eine schöne Mischung aus beiden Tonleitern zu erhalten. Dieser Lick beginnt mit einem Ganzton-Bend von D nach E. Er endet auch mit einer E-Note, um die große Quinte des C-Dur-Akkords hervorzuheben.

Die Gitarrenlegenden Carlos Santana und Slash nutzen dieses Konzept, um Momente des triumphalen Abrockens zu schaffen, vermischt mit kraftvollen Emotionen. Es ist eine großartige Möglichkeit, den rockigen Blues-Sound der Pentatonik mit der herzzerreißenden Emotion der diatonischen Tonleiter zu verbinden. Die pentatonische Tonleiter ist völlig frei von Halbtönen – dem emotionalsten Klang der Intervalle – deshalb kann es so effektiv sein, diatonische Tonleitertöne auszuborgen. Stell dir vor, du nimmst einen Schoko-Cookie und isst ihn emotional!

Beispiel 1q: Chuck Berry A-pentatonischer Lick mit diatonisch absteigenden Noten

Der nächste Beispiel-Lick verwendet ein G als Pedalton, während sich die anderen Noten diatonisch durch C-Ionisch bewegen. Diese Art von Lick ist cool, weil sie Spannung erzeugt und Bewegung hat. Der G-Pedalton jedoch, lässt den Lick so klingen, als ob er sich überhaupt nicht bewegt. Gitarristen wie John Mayer, Mikael Akerfeldt und Alex Skolnick haben dieses Konzept in einigen ihrer Soli sehr subtil umgesetzt.

Beispiel 1r: C-Ionisch Pedalton-Lick

```
     mf

T  -12---12----13----12---12----15----12---12----12---12----13----12---12----12-
A
B
```

Diese nächste Idee kombiniert ein Arpeggio mit einigen Durchgangsnoten. Es ist ein einfacher C-Dur-Dreiklang (C E G), aber ich habe ein F bei der Umkehrung hinzugefügt, um eine zusätzliche Klangfarbe zu erhalten. Beachte, dass ich auch einen Slide von D# nach E hinzugefügt habe, bevor ich das Arpeggio abwärts spiele. Diese „Outside" (tonleiterfremde)-Note sorgt für zusätzliche Spannung, da sie nicht zum C-Ionischen Modus gehört. Du kannst diese Idee auch in Tonleitern verwenden, nicht nur in Arpeggios. Stell einfach sicher, dass du von der „Outside"-Note (manchmal auch als FALSCHE Note bezeichnet) zu einer tonleitereigenen Note wechselst – vorzugsweise zu einer Note, die die Akkorde unterstützt, über die du spielst.

Beispiel 1s: Fünfsaitiger C-Dur Arpeggio-Lick mit „Outside"-Noten-Slide

```
     mf
                              -12---15---13---12-    -11-/-12-
T              -------13----                                      -13-
A         -12-                                                          -12-
B  -15---14-
```

Beispiel 1t enthält ein aufsteigendes Cmaj7-Arpeggio über drei Oktaven, das alle sechs Saiten umfasst und verwendet einen Hammer-On für jede Saite. Absteigend haben wir diatonische Töne aus dem ionischen C.

Beispiel 1t: Sechssaitiges Cmaj7 Arpeggio mit absteigendem diatonischem Legato-Lick.

Du hast vielleicht bemerkt, dass es mehrere Positionsverschiebungen in diesem Lick gibt. Die Verschiebungen helfen zu vermeiden, dass dieser Lick zu einem linearen, vorhersehbar klingenden Lauf wird.

Der nächste Lick verwendet die dritte Position der A-Moll-Pentatonik und steigt in Fünfergruppen in Legato-Technik auf. Mit einem Slide bewegt sich dieser Lick in ein absteigendes Cmaj7-Arpeggio.

Beispiel 1u: A-Moll-Pentatonik mit Fünfklang-Gruppierung und String-Skip nach Cmaj7-Arpeggio.

Hast du die vielen Slides in diesem Lick bemerkt? Ich möchte darauf hinweisen, dass SLIDES DEINE FREUNDE SIND. Das Sliden ist nicht nur eine nützliche, ausdrucksstarke Technik, sondern kann auch Positionsverschiebungen nahtlos und weniger unhandlich machen.

Beispiel 1v verwendet die erste Position der A-Moll-Pentatonik, wird aber mit vielen String-Skips gespielt. Achte auf die Legato-Betonung und nimm dich in Acht vor den Komplikationen, die beim String-Skipping auftreten können!

Beispiel 1v: String-Skipping legato A-Moll pentatonischer Lick mit kleinen Sexten und verminderten Quinten

Eine coole Sache, die du vielleicht bemerkt hast, ist, dass Saiten-Skips weniger vorhersehbare Intervalle erzeugen. Es ist ein sehr einfacher Trick, um das Spielen einer Tonleiter oder eines Arpeggios interessanter zu machen. Dieser intervallbetonte Ansatz muss sich jedoch nicht auf die Pentatonik beschränken – er ist in allen Tonleitern und Modi verwendbar.

Das letzte Beispiel dieses Kapitels verwendet wieder die Drei-Noten-pro-Saite Tonleiterform in C-Ionisch. Man verwendet eine rollende Legato-Technik, die absteigend angewendet wird, und fügt einige getappte, tonleitereigene Noten hinzu. Das verleiht dem Ganzen Farbe und eine gewisse Überraschung.

Beispiel 1w: Ionischer absteigender Legato-Lick mit Taps in C

Es ist wichtig, sich daran zu erinnern, dass alle C-ionischen Ideen, die du gelernt hast, auf andere ionische Tonarten moduliert werden können. Suche dir einige Jam-Tracks in verschiedenen Tonarten, um sie zu üben und versuche dein Bestes, um den fröhlichen, ionischen Dur-Sound mit den Noten, die du spielst, zu verbinden. Wenn dein Publikum lächelt, machst du es richtig!

Kapitel 2: Dorisch entschlüsseln

Unsere modale Reise geht weiter und wir wagen uns, den dorischen Modus zu entschlüsseln. Es ist ein absoluter Genuss diesen Modus zu hören und zu spielen, da er einige sexy Aspekte der Moll-Modalität hervorhebt. Doch er hat auch einige der erhebenden Eigenschaften einer Dur-Tonleiter. Als extrem vielseitiger Modus ist er in verschiedenen Musikrichtungen zu finden, darunter Country, Jazz, Blues, Fusion und viel RnB.

Dorisch wird aufgrund seines b3-Intervalls als Moll-Modus eingestuft. Denke daran, dass in einer Tonleiter oder einem Akkord die große Terz Dur und die kleine Terz (b3) Moll ergibt.

Dorisch ist der zweite der sieben diatonischen Modi. Ich bezeichne ihn oft als „eine Molltonleiter mit einem Gefühl der Hoffnung" oder „den Pink Floyd-Modus". Pink Floyd nutzte den dorischen Modus pointiert und geschmackvoll, um in Songs wie *The Great Gig in the Sky* und *Shine on You Crazy Diamond* große Emotionen zu wecken.

Dieser Modus wird auch im Soundtrack zu *The Hobbit* und allen *Lord of the* Rings-Filmen sehr wirkungsvoll eingesetzt – oft, um die Schwierigkeiten und Widrigkeiten zu unterstreichen, mit denen die Hobbits konfrontiert werden, sowie ihre Fähigkeit, sie mit der Kraft der Freundschaft und Entschlossenheit zu überwinden.

Dorisch wird häufig in Jazz, Fusion und manchmal auch Rockmusik verwendet. Das Einzige, was sie von dem allgemeineren und traditionelleren äolischen Modus unterscheidet, ist, dass die dorische Tonleiter eine *natürliche* Sexte (oft als die große Sexte (6.) bezeichnet) und die äolische Tonleiter eine kleine Sexte (b6) hat. Diese einzelne Note ist der einzige Unterschied zwischen Dorisch und Äolisch, aber sie macht einen großen Unterschied im Klang. Wirklich! Der Unterschied, den eine einzelne Note machen kann, ist unglaublich! Wir sind noch nicht einmal beim lydischen Modus angekommen… das wird dich umhauen!

Teil 1: Den dorischen Klang finden

Lass uns damit beginnen, den Klang dieses Modus innerhalb einer Oktave zu hören. Achte auch hier auf die Beziehung zwischen den Intervallen, die ihren unverwechselbaren Klang ergeben. Achte auch auf die Stimmung, die dadurch entsteht und denke darüber nach, wie du dies in deiner Musik vermitteln kannst.

In diesem Kapitel werden wir zur Tonart F-Dur wechseln und G-Dorisch für alle Beispiele verwenden.

Werfen wir einen Blick auf die G-Dorische Tonleiter, die nur in einer Oktave gespielt wird.

Beispiel 2a:

Es ist wichtig, Dorisch als eigenständigen Sound zu verstehen. Darüber hinaus ist es wichtig zu wissen, dass der dorische Modus sich vom äolischen Modus nur durch Verwendung der großen Sexte (natürliche 6.) unterscheidet. In der folgenden Abbildung haben wir G-Äolisch und G-Dorisch nebeneinander dargestellt.

Beispiel 2b:

Äolische Tonleiterformel = 1 2 b3 4 5 b6 b7

Dorische Tonleiterformel = 1 2 b3 4 5 6 b7

Da der äolische Modus der häufigste Moll-Modus ist, ist er ein nützlicher Maßstab, um die anderen Moll-Modi (dorisch, phrygisch und lokrisch) zu beschreiben, so wie der ionische Modus ein großartiger Maßstab für die Dur-Modi ist.

Die kleine Terz (b3) gibt dem dorischen Modus seinen Moll-Klang, was ihn traurig klingen lässt, aber seine natürliche Sexte (6.) hat einen erhebenden, hoffnungsvollen Unterton, so dass er definitiv nicht so düster ist wie der äolische. Der äolische Modus hat ein Halbtonintervall zwischen der fünften und sechsten Note, während der dorische ein Ganztonintervall hat. Es ist dieser Ganztonintervall, der ihren charakteristischen Klang erzeugt – eine kleine Injektion von Hoffnung. Obwohl es ein subtiler Unterschied ist, klingt die natürliche Sexte (6.) positiver als die melancholische kleine Sexte (b6) des äolischen Modus.

Obwohl der Vergleich der beiden Tonleitern eine großartige Möglichkeit ist, um zu sehen, wie sie sich unterscheiden, gibt er uns nicht genug Verständnis dafür, wie Dorisch im Kontext der Musik funktionieren wird. Spiele zunächst diese einfache Zwei-Akkordfolge und danach die auf- und absteigende Version der Tonleiter. Dann probiere es über den Backing-Track in G-Dorisch.

Beispiel 2c: G-Dorische Akkordfolge mit auf- und absteigender Tonleiter

Scale Runs

Du wirst feststellen, dass die charakteristische 6. Note (E) zusammen mit dem Gm7-Akkord gespielt, einen Gm6-Klang erzeugt. Gm6 besteht aus G, Bb, D und E und hat den charakteristischen dorischen Klang.

Die E-Note ist auch als große Terz im C9-Akkord vorhanden, der sich aus C, E, Bb und D zusammensetzt. Im Zusammenspiel zwischen den Akkorden und der Tonleiter hören wir zunächst einen düsteren Mollklang, dem unmittelbar ein hoffnungsvoller Durklang folgt. Dies ist ein sehr einfacher Weg, um das Verständnis für den dorischen Klang zu schaffen und wie man sich fühlt, wenn man ihn hört.

Hier sind einige Referenzlieder, die den charakteristischen dorischen Klang enthalten:

- The Unforgiven – Metallica

- Mad World – Tears For Fears

- Wicked Game – Chris Isaak

- The Extremist – Joe Satriani

- Whatta Man – Salt N' Pepa

Teil 2: Die diatonischen Akkorde des dorischen Modus

Wie besprochen, ist es wichtig, die zu jedem Modus gehörenden diatonischen Akkorde zu kennen, da es uns hilft, festzustellen, wie wir die Farbe und Emotion des Modus hervorheben können. Betrachten wir die diatonischen Akkorde des dorischen Modus im Vergleich zum ionischen Modus.

Diatonische Akkorde des ionischen Modus:

Dur	Moll	Moll	Dur	Dur	Moll	min7b5
I	ii	iii	IV	V	vi	vii

Diatonische Akkorde des dorischen Modus   :

Moll	Moll	Dur	Dur	Moll	min7b5	Dur
i	ii	bIII	IV	v	vi	bVII

Das vorherige Diagramm zeigt, dass der erste Akkord der harmonisierten dorischen Tonleiter Moll ist, während der erste Akkord in der ionischen Dur ist. Der erste Akkord (Tonika) ist immer der wichtigste, wenn es darum geht, die Stimmung der Tonleiter zu definieren. Man sieht bereits, dass Dorisch und Ionisch sehr unterschiedlich klingen werden. Welche weiteren Unterschiede kannst du in der harmonisierten Tonleiter feststellen?

In der gleichen Art und Weise wie wir den ionischen Modus harmonisiert haben, können wir das Gleiche mit dem dorischen Modus tun, um die G-Dorische Akkordstruktur zu bekommen:

Beispiel 2d:

Wenn man mit einem Modus komponiert, möchte man Akkorde wählen, die den charakteristischen Klang widerspiegeln. Im Falle des dorischen Modus können wir die natürliche Sexte (6.) hervorheben. Die natürliche Sexte (6.) (eine E-Note in der Tonart G-Dorisch) tritt in den Akkorden C-Dur, Am und Em7b5 auf.

C-Dur (IV-Akkord) = C E G

Am (ii-Akkord) = A C E

Em7b5 (vi-Akkord) = E G Bb D

Natürlich wollen wir normalerweise auch den Tonika-Akkord (Gm) mit einbeziehen!

Versuche, einige eigene dorische Akkordfolgen zu komponieren, wobei du darauf achten solltest, den charakteristischen Klang des Modus hervorzuheben. Versuche, mit einem Gm-Akkord zu beginnen und zu enden. Hier sind ein paar Vorschläge, um reinzufinden:

Beispiel 2e – Sequenz 1:

Beispiel 2f – Sequenz 2:

Teil 3: Das Solospiel im dorischen Modus mit Tonleitern und Arpeggios

Die frühen Phasen der modalen Improvisation und Komposition können entmutigend sein, und es ist oft schwer zu wissen, wo man anfangen soll. Mein Ansatz für das Schreiben eines Solos und das Improvisieren im dorischen Modus verwendet die gleiche Checkliste wie im vorherigen Kapitel:

1. Was ist der Drei-Noten-pro-Saite-Fingersatz für diesen Modus vom Grundton aus?

2. Welche Art von Pentatonik kann ich verwenden, z. B. normale, erweiterte oder Mollparallele?

3. Welche Arten von Arpeggios unterstreichen den Klang des Modus?

Zuerst nehmen wir unsere G-Dorische Tonleiter vom Anfang dieses Kapitels und spielen sie mit einem Drei-Noten-pro-Saite-Fingersatz über sechs Saiten. Versuche es auch über den dorischen Backing-Track.

Beispiel 2g:

Dies ist der schnellste Weg, um den dorischen Modus über mehr als zwei Oktaven hinweg zu hören. Es ist auch eine gute Form für Soli, wenn du mit Dorisch noch nicht viel Erfahrung hast. Bei der Improvisation hebe ich gerne hervor:

• Die kleine Terz (b3) (Bb im Fall von G-Dorisch) – das ist es, was dieser Tonleiter ihren traurigeren, melancholischen Klang verleiht.

• Die große Sexte (6.) (E in G-Dorisch) – es ist die farbigste Note; die natürliche Sexte (6.) verleiht dieser Tonleiter ihre bittersüße Qualität – ein unerwarteter Auftrieb, den man bei typischen Moll-Tonleitern nicht findet.

Pentatonik

Sprechen wir von Pentatonik – *die gute, alte vertraute Skala* zum Improvisieren. Dorisch ist ein Moll-Modus, so dass wir ihn mit gewöhnlichen pentatonischen Patterns spielen können, die aus der 1., 3., 4., 5. und 7. Stufe der Tonleiter bestehen.

Das Weglassen der zweiten und sechsten Stufe ist eine kluge Sache, denn es lässt uns mit "neutralen" Noten zurück, die sowohl in anderen modalen Kontexten (Äolisch und Phrygisch) als auch in Dorisch funktionieren können. Hier ist G-Dorisch vom Grundton ausgehend als die vertraute pentatonische Form, die wir alle kennen und lieben.

Beispiel 2h:

Diese einfache Form wird über keine dorische Akkordfolge hinweg unangebracht klingen, aber lass es uns noch einmal hören, indem du die charakteristische große Sexte (E) hinzufügst. Das ist so einfach, fügt aber so viel Ausdruck hinzu.

Beispiel 2i:

Ich benutze diese letzte Form ständig. Du kannst den vollen Effekt der hinzugefügten großen Sexte (6.) hören, wenn du über eine dorische Akkordfolge jammst. Im Folgenden habe ich die anderen vier Positionen unserer pentatonischen Tonleiter veranschaulicht. Für jede Position gibt es eine Version ohne, dann mit der großen Sexte (6.), so dass man den Unterschied wirklich hören kann.

Beispiel 2j:

Position 2 Gm Pentatonic

Position 2 Gm Pentatonic + major 6th

mf

```
T                                    6—8              6—8
                        6—8                  5—6—8
A              5—7                  5—7
          5—8                  5—8
B  6—8                    6—8        5—7—8
```

Position 3 Gm Pentatonic

Position 3 Gm Pentatonic + major 6th

```
T                                    8—10             8—10
                        8—10                 8—11
A              7—10                 7—9—10
          8—10                 8—10
B  8—10       8—10        8—10       7—8—10
```

Position 4 Gm Pentatonic

Position 4 Gm Pentatonic + major 6th

```
T                                    10—13            10—13
                        11—13                11—13
A              10—12                10—12
          10—13                9—10—12
B  10—13      10—13       10—13      10—12—13
```

Position 5 Gm Pentatonic

Position 5 Gm Pentatonic + major 6th

```
T                                    13—15            12—13—15
                        13—15                13—15
A              12—15                12—15
          13—15                12—14—15
B  13—15      13—15       13—15      13—15
```

Arpeggios

Betonen wir nun den dorischen Klang mit Arpeggios. Beispiel 2k veranschaulicht ein einfaches G-Moll-Arpeggio mit hinzugefügter großer Sexte (6.).

Nebenbemerkung / erstaunliche Tatsache: Der einfache G-Moll-Dreiklang besteht aus den Tönen G, B und D. Durch die Ergänzung der großen Sexte (6.) (E) wird er zu einem Gm6. Zufälligerweise enthält Gm6 die gleichen Noten wie Em7b5 (E halbvermindert). Wenn du Schwierigkeiten hast, etwas über einen „lästigen" Em7b5-Akkord zu spielen, funktioniert G-Dorisch erstaunlich gut.

Beispiel 2k:

Dies funktioniert, um die i- oder vi-Akkorde in einer dorischen Sequenz perfekt hervorzuheben. Es funktioniert aber auch über einem dröhnenden dorischen Riff. Wir könnten auch ein Gm7-Arpeggio (G Bb D F) verwenden und das E wieder einfügen:

Beispiel 2l:

Diese Arpeggios mit der speziellen großen Sexte (6) klingen gut über einem ii-Moll-Akkord in jeder Tonart. Und vergiss nicht deine dorische Geheimwaffe, wenn du mit einem m7b5-Akkord konfrontiert wirst. Dorisch ist ein sehr vielseitiger Modus und kann in vielen musikalischen Situationen eingesetzt werden.

Teil 4: Dorische Licks, die dir helfen, kreativ zu werden

Ich habe ein paar Licks in G-Dorisch vorbereitet, basierend auf den diatonischen und pentatonischen Tonleiterformen, die wir besprochen haben, sowie einigen Arpeggios. Diese werden dir helfen zu verstehen, wie Dorisch melodisch in einem ausdrucksstarken, musikalischen Kontext angewendet werden kann.

Das erste Beispiel verwendet einen einfachen G-Moll-Pentatonik-Lick mit einem frechen Halbton-Bend der E-Note. Dies ist eine großartige Möglichkeit, die natürliche Sexte (6.) hervorzuheben und gleichzeitig die Dinge bluesig zu halten. Gitarristen wie Stevie Ray Vaughn, David Gilmour und Joe Bonamassa nutzen diesen Ansatz häufig, wenn sich eine „dorische" Situation ergibt.

Beispiel 2m: Bluesiger Lick mit dorischer 6.

Diese Art von Lick funktioniert sehr gut über dem i-Akkord (Gm) in einer dorischen Sequenz, ist aber auch mit dem IV-Akkord (C7) kompatibel, da er die große Terz hervorhebt und sich zur kleinen Septime (b7 = Bb Note) auflöst.

Beispiel 2n ist ein einfacher aufsteigender Lauf mit drei Noten pro Saite. Um es weniger monoton zu machen, habe ich ein paar Hammer-Ons und Pull-Offs hinzugefügt, um das Timing zu variieren. Ich habe auch einen Bend von einer „Outside"-Note eingefügt (denn das tun coole Leute).

Stilistisch erinnert es an Mark Tremonti und Slash. Ich habe gesehen, dass beide Gitarristen diesen kleinen Trick über diatonische Läufe anwenden, um sie interessanter und weniger linear zu machen. Du kannst diesen Ansatz natürlich auf jeden Modus anwenden, indem du die Tonleiterform mit drei Noten pro Saite verwendest.

Beispiel 2n: Tremonti-Stil G-Dorisch drei Noten pro Saite aufsteigender Lick

Diese nächste Idee verwendet G-Moll-Pentatonik mit einer zusätzlichen bluesigen Vorschlagsnote und einem Lauf mit absteigenden diatonischen Noten der G Dorischen Tonleiter.

Beispiel 2o: G-Moll-Pentatonik mit bluesiger Vorschlagsnote und großer 6.

Die Verbindung von pentatonischen und diatonischen Tonleitern ist immer erfrischend zu hören. Sie hat melodische Wirkung, weil die pentatonische Tonleiter im Gegensatz zur diatonischen keine Halbtonintervalle hat. Das bedeutet, dass du schnell von einem rockigen Blues-Sound zu etwas herzerwärmendem, emotionalem und bittersüßem springen kannst. Sei vorsichtig, wenn du solche Passagen spielst, die du zu einer Note auflöst, die die Akkorde ergänzt. Wähle eine bestimmte Note, z. B. das Ende des Laufs auf einem Bb über einem Gm7-Akkord, um die kleine Terz zu markieren.

Beispiel 2p kombiniert ein grundlegendes G-Moll-Dreiklangs-Arpeggio mit absteigenden diatonischen Noten der dorischen Tonleiter.

Beispiel 2p: Fünfsaitiges G-Moll-Arpeggio mit G-dorischem diatonischem Abstieg

Licks wie diese können als langsames Arpeggio oder als schneller Sweep ausgeführt werden – es liegt ganz bei dir und hängt von deinem Geschmack ab und davon, was deiner Meinung nach zum Song, zur Komposition oder zum Solo passt. Ich habe gehört, wie Alexi Laiho von Children of Bodom solche Licks benutzt, um seinen Einstieg in einen schnellen, langen Abstieg triumphierend zu gestalten. Du wirst auch bemerken, dass ich Slides hinzugefügt habe, um die Phrase interessanter zu machen und ihr etwas Flair zu verleihen. Dies zwingt dich auch dazu, in einen anderen Abschnitt des Griffbrettes zu wechseln.

Dieser nächste Lick basiert auf einem Gm7-Arpeggio mit einer zusätzlichen E-Note, um mehr vom dorischen Große-Sexte-Klang zu erhalten.

Beispiel 2q: Gm7-Arpeggio mit hinzugefügter großer 6.

Du kannst mit verschiedenen expressiven Techniken herumspielen, um Arpeggios (und Tonleitern) weniger mechanisch klingen zu lassen. In diesem Fall benutzte ich Slides, Legato und einen frechen Bend, um der Phrase mehr Gefühl zu geben und einen flüchtigen Moment des sexy Blues hinzuzufügen.

Der nächste Lick zeigt ein Konzept, das ich bereits erwähnt habe, und welches ich die ganze Zeit im dorischen Solospiel verwende. Wenn du in G-Dorisch spielst, kann der i-Akkord (Gm) als Ersatz für den vi-Akkord (Em7b5) verwendet werden. Dies geht auch umgekehrt: Der vi-Akkord kann den i-Akkord ersetzen. Beispiel 2r verwendet die Noten von Em7b5 (E G Bb D) über einem G-Moll-Akkord. Die Notenreihenfolge wurde neu geordnet, um den Lick weniger langweilig und linear klingen zu lassen.

Beispiel 2r: Em7b5-Arpeggio 1 3 2 4 3 5 Lick

Beachte, dass die im vorherigen Beispiel verwendeten Noten im Wesentlichen ein Gm-Dreiklang (G Bb D) mit einer E-Note vorab sind. Wieder einmal betonen wir diese wunderbare dorische Note. Ein gutes Beispiel dafür ist Marty Friedmans Solo bei *Symphony of Destruction* von Megadeth. Er spielt ein F#m7b5-Arpeggio (ii-Akkord in der Tonart E-Moll) über den A-Moll Backing-Akkord (Akkord iv in E-Moll). Es wird von der Musik gut unterstützt und klingt interessanter als gerade auf- und absteigende Arpeggio-Dreiklänge.

Das nächste Beispiel verwendet ein anderes Em7b5-Arpeggio, ordnen aber die Reihenfolge der Noten neu, um eine einfache, kühle, bewegliche Form zu erzeugen, die du über drei Oktaven verwenden kannst. Es verwendet auch ein paar Mini-Argeggio-Dreiklänge im absteigenden Teil des Licks.

Beispiel 2s: Drei Oktaven umfassendes Em7b5-Arpeggio-Lick mit absteigenden Mini-Arpeggios

Im nächsten Lick werden wir die vierte Position der G-Moll-Pentatonik aufsteigend mit legato Fünf-Ton-Gruppierungen verwenden. Der Lick löst sich in einem absteigenden Gm7-Arpeggio mit einer zusätzlichen großen Sexte auf und hebt wieder einmal sehr deutlich den dorischen Sound hervor.

Beispiel 2t: G-Moll-Pentatonik Position IV mit Fünfton-Legato-Gruppierung und absteigendem Gm7-Arpeggio.

Wie du sehen kannst, endet der Lick mit einem Halbton-Bend der Db-Note. Dies stammt nicht von der G-Dorischen Tonleiter, sondern ist die verminderte Quinte (b5) von G. Wenn wir sie um einen Halbton benden, bewirkt dies, dass eine Spannung erzeugende Note in eine angenehm klingende Note der Tonleiter umgewandelt wird. In diesem Fall habe ich das Db zu einem D gebendet, der Quinte von G.

Beispiel 2u ist ein einfacher G-Moll-Pentatonik Lauf in Position I, ergänzt durch die große Sexte (6.) und einige getappte Noten. Die getappten Noten deuten auf G-Moll-Pentatonik in der zweiten Position hin. Die Greifhand hebt mitunter die E-Note hervor, um einen charakteristisch dorischen Klang zu erzeugen.

Beispiel 2u: G-Moll-Pentatonik mit großer Sexte (6.) und getappten Noten

Dieser letzte Lick ist der einfältigste und zugleich erschreckendste. Wir kombinieren ein aufsteigendes Gm11-Arpeggio im Per Nilsson-Stil mit einem absteigenden Em7b5-Arpeggio. Dieser Lick beinhaltet auch „Outside"-Noten, die der Drei-Noten-pro-Saite lydischen Tonleiter entlehnt sind. Aber darüber werden wir uns jetzt noch keine Gedanken machen!

Beispiel 2v: Gm11 / Em7b5-Arpeggio-Lick mit aufsteigenden dorischen Noten

Auch hier zwingt dich ein solcher Lick dazu, eine Positionsverschiebung vorzunehmen. Es ist eine coole Möglichkeit, eine große Entfernung auf dem Griffbrett zurückzulegen und ist besonders hilfreich, wenn du dazu neigst, in einem Pattern gefangen zu sein. Vielleicht gefällt dir das Gefühl von längeren, eher horizontalen Passagen. Mach, was dir gefällt!

Jeder Lick, den wir in diesem Kapitel gelernt haben, kann auf andere Tonarten übertragen werden. Suche dir ein paar Jam-Tracks oder dorische Songs zum Mitspielen und probiere diese Ideen aus. Je mehr du spielst und zuhörst, desto mehr wirst du diese bittersüße, dorische Emotion entdecken, die in dir steckte und aus dir heraus wollte.

Kapitel 3: Fabulöses Phrygisch

Seit den dunklen Zeiten lebt ein melodisches Übel, ein Modus großer Macht, im Zentrum der Erde. In Geschichten über Folklore, Aberglaube und urbanen Legenden wurde vorhergesagt, dass dieser Modus das Letzte ist, was man hört, bevor man von einem Hai gejagt und gefressen wird. Natürlich meine ich den phrygischen Modus.

Phrygisch ist der dritte der sieben diatonischen Modi. Sein charakteristisch unheilvoller Sound wurde in allen Genres verwendet, von Flamenco bis Thrash Metal und in der Tat in allen anderen Subgenres, die versuchen, einen satanisch klingenden Ansatz zu erreichen.

Teil 1: Den phrygischen Klang finden

In diesem Kapitel wird für alle Beispiele der B-Phrygische Modus verwendet. Betrachten wir zunächst eine B-Phrygische Tonleiter innerhalb einer Oktave.

Beispiel 3a:

Wie immer sollten wir jeden Modus als eigenständige Tonleiter lernen, aber es schadet nicht, ein paar Dinge zu beachten. B-Phrygisch kann auf verschiedene Weise betrachtet werden:

1. Als dritter Modus von G-Dur.

2. Als B-Äolisch (Natürlich Moll) Tonleiter mit einer b2.

Dies ist leicht zu erkennen, wenn wir B-Äolisch und B-Phrygisch direkt vergleichen.

B-Äolisch = B **C#** D E F# G A

B Phrygisch = B **C** D E F# G A B

Beispiel 3b:

Äolische Tonleiterformel = 1 2 b3 4 5 b6 b7

Phrygische Tonleiterformel = 1 b2 b3 4 5 b6 b7

Der einzige Unterschied zwischen den beiden Modi ist die zweite Note. Der äolische Modus hat einen Ganzton zwischen Grundton und Sekunde (B bis C#). Der phrygische hat nur einen Halbton (B bis C), was einen sehr spannungsgeladenen Klang erzeugt. So wie die große Sexte (6.) die „Charakter"-Note des dorischen Modus war, liefert die kleine Sekunde (b2) den charakteristischen bösen Klang des Phrygischen.

Es mag ausreichen, den phrygischen Modus als „eine Molltonleiter mit einer b2" zu sehen, um ein theoretisches Verständnis des Sounds des Modus zu erhalten, aber der beste Weg, den charakteristischen Sound eines Modus zu hören, ist im Kontext mit einer Akkordfolge.

Wir können das charakteristische b2-Intervall des phrygischen hören, indem wir es über die einfache Akkordfolge spielen, die unten gezeigt wird. Spiele die Sequenz aus Powerchords durch, dann spiele die absteigende und aufsteigende Version der Tonleiter.

Versuche dies auch über den phrygischen Backing-Track!

Beispiel 3c: B-Phrygische Akkordfolge mit Tonleiter absteigend & aufsteigend

Die kleine Sekunde (b2) ist ein besonders spannungsreiches Intervall, da es einen Halbton-Konflikt mit der Grundnote (B) bildet. Wir können dies im Zusammenspiel zwischen dem B5- und C5-Akkord hören. Die C-Note der B-Phrygischen Tonleiter ist ja im C5-Akkord vorhanden, und du kannst die charakteristische b2 des phrygischen Modus sowohl in den Powerchords als auch in der absteigenden und aufsteigenden Tonleiter unmittelbar danach hören.

Kein Wunder, dass der phrygische Modus zwangsläufig der Modus für Thrash Metal, Nu-Metal und für das Heraufbeschwören von Spannung in Filmmusiken ist. Wer könnte die Haifischattacken in den Filmen „Der Weiße Hai" vergessen? Möglicherweise die beste und effektivste Nutzung des phrygischen Modus ALLER ZEITEN! Seine raue, dunkle Qualität macht ihn auch zum perfekten Modus, um der Flamenco-Musik Dramatik und Intensität zu verleihen.

Um sich mit dem charakteristischen Klang des phrygischen Modus weiter vertraut zu machen, solltest du dir diese auf Phrygisch basierenden Songs anhören:

- Symphony of Destruction – Megadeth

- Wherever I May Roam – Metallica

- Over the Wall – Testament

- She Wants To Move – N.E.R.D.

- White Rabbit – Jefferson Airplane

Teil 2: Die diatonischen Akkorde des phrygischen Modus

Im Falle des phrygischen Modus ergibt die Halbtonbeziehung zwischen dem i und den bII-Akkorden die markanteste Spannung und erzeugt seinen charakteristischen Klang. Werfen wir einen Blick auf die diatonischen Akkorde des phrygischen Modus im Vergleich zum ionischen Modus.

Diatonische Akkorde aus ionischem Material

Dur	Moll	Moll	Dur	Dur	Moll	min 7 b 5 (oder halb-vermindert)
I	ii	iii	IV	V	vi	vii

Diatonische Akkorde aus phrygischen Akkorden

Moll	Dur	Dur	Moll	min7b5	Dur	Moll
i	bII	bIII	iv	v	bVI	bvii

Beispiel 3d:

Wenn wir mit einem Modus komponieren, wollen wir Akkorde auswählen, die seinen unverwechselbaren Charakter und sein Gefühl widerspiegeln. Im Falle des phrygischen wollen wir die kleine Sekunde (b2) hervorheben. Der einfachste Weg, dies zu tun, ist es einen Akkord zu spielen, der die markante b2-Note enthält. In B-Phrygisch ist die b2-Note C.

C-Dur (BII-Akkord) = C E G

A-Moll (Bvii-Akkord) = A C E

F#m7b5 (V-Akkord) = F# A C E

Versuche selbst, einige Sequenzen mit diesen Akkorden zu schreiben, vorzugsweise beginnend und endend mit B-Moll. Hier sind zwei Ideen, um dir den Einstieg zu erleichtern:

Beispiel 3e – Sequenz 1:

Beispiel 3f – Sequenz 2:

Teil 3: Das Solospiel im phrygischen Modus mit Tonleitern und Arpeggios

Ich habe das schon 1.000 Mal gesagt, aber es ist oft schwer einen geeigneten Anfang zu finden, wenn man ein modales Solo spielen möchte! Wie üblich stelle ich mir diese Fragen:

1. Was ist der Drei-Noten-pro-Saite-Fingersatz für diesen Modus vom Grundton aus?

2. Welche Art von Pentatonik kann ich verwenden, z. B. normale, erweiterte oder Mollparallele?

3. Welche Arten von Arpeggios unterstreichen den Geschmack des Modus?

Nehmen wir die diatonische Tonleiter in B-Phrygisch und spielen sie über sechs Saiten mit einem Drei-Noten-pro-Saite-Fingersatz.

Beispiel 3g:

Dies ist zunächst eine gute Tonleiterform, wenn dir der phrygische Klang noch neu ist. Die Betonung der kleinen Terz (D) erinnert an den melancholischen Klang der Moll-Tonleiter, aber die kleine Sekunde (b2) (C) ist die markanteste Note und die versuche ich immer zu betonen.

Pentatonik

Wir wissen, dass die vielseitige kleine pentatonische Tonleiter für alle Moll-Tonarten – Äolisch, Dorisch und Phrygisch – funktionieren kann. Sie verwendet nur die 1., 3., 4., 5. und 7. Stufe der Tonleiter – und damit fällt die b2 weg. Hier ist ein regelmäßiges absteigendes B-Moll-Pentatonik-Pattern und danach das gleiche Pattern mit der zusätzlichen b2.

Beispiel 3h:

Betrachten wir die restlichen vier Positionen der B-Moll-Pentatonik, indem wir die normale Tonleiter und die Tonleiter mit der zusätzlichen b2 nebeneinander vergleichen.

Beispiel 3i:

Position 3 Bm Pentatonic

Position 3 Bm Pentatonic + b2

```
T          12-14
A        12-14
B    12-14          12-14   11-14
         12-14         12-14   12-15   12-14
```

```
T                                  12-14
A                               12-13-15
B    12-14            12-14-15      11-14
         12-14            12-14
```

Position 4 Bm Pentatonic

Position 4 Bm Pentatonic + b2

```
T                          2-5
A                    3-5
B    2-5      2-5   2-4
         2-5      2-4
```

```
T                          2-5
A                    3-5
B    2-5      2-3-5   2-4   2-4-5
         2-5
```

Position 5 Bm Pentatonic

Position 5 Bm Pentatonic + b2

```
T                          5-7
A                    5-7
B    5-7      5-7   4-7
         5-7      4-7
```

```
T                          5-7-8
A                    5-7
B    5-7-8      5-7   4-7   4-5-7
         5-7
```

Denke daran, dass du wählen kannst, ob du die b2 hinzufügst oder nicht, und dass du zwischen den beiden wechseln kannst, um den phrygischen Klang entsprechend hervorzuheben.

Arpeggios

Schließlich schauen wir uns an, wie wir unsere Arpeggios auf Phrygisch spielen können. Damit meine ich, nehme ein einfaches B-Moll-Arpeggio und füge die b2 (C) hinzu, um modalen Klang zu erhalten. Vergleiche die beiden Arpeggios unten.

Beispiel 3j:

```
T                 10-14
A            12
B    14   12   11
```

```
T                 10-14
A            12-13
B    14   10-12   11
```

Hier ist ein weiteres, häufig gespieltes Moll-Arpeggio über fünf Saiten, und danach das gleiche Arpeggio mit einer zusätzlichen b2.

Beispiel 3k:

Schließlich bewegt sich das folgende Bm7-Arpeggio diagonal über alle sechs Saiten und deckt drei Oktaven ab. Hier ist es einmal ohne und einmal mit der b2.

Beispiel 3l:

Alle diese Arpeggios sind nützlich für Soli im phrygischen Modus und es ist gut, Optionen zu haben, aber sie können auch über einen iii-Akkord in jeder Akkordfolge oder Tonart verwendet werden. Du kannst subtil sein und bei der einfachen Moll-Tonleiter bleiben, oder den unheilvolleren phrygischen Klang in deinem Spiel hervorheben. All diese Ideen werden im Death Metal, Thrash Metal und im kecken Flamenco sehr gut funktionieren.

Teil 4: Phrygische Licks, die dir helfen, kreativ zu werden

Um dir nicht eine Menge Tonleitern und Arpeggio-Formen zu geben, ohne dir zu zeigen, wie man sie richtig benutzt, habe ich einige Licks vorbereitet, um diese melodischen Ideen in einem ausdrucksstarken, musikalischen Kontext zubringen.

Der erste Lick verwendet einen klassischen Pentatonik-Lick in B-Moll im Stil von Chuck Berry, aber ich habe eine C-Note hinzugefügt, um auch den phrygischen b2-Klang zu haben.

Der klassisch bluesige Pentatonik-Ansatz mit Bends ist ein bekannter Klang, aber die Hammer-Ons und Pull-Offs auf den B- und C-Noten der ersten Saite erzeugen die für den phrygischen Klang entscheidende Halbtonspannung.

Beispiel 3m: Pentatonischer B-Moll Lick im Stil von Chuck Berry Lick mit b2 Legato-Noten.

Beispiel 3n verwendet eine andere individuelle phrygische Pentatonik, die sich über mehrere Oktaven erstreckt. Die verwendeten Noten können auch als exotische E-Hirajoshi-Tonleiter (E F# G B C) betrachtet werden. Um den Lick interessanter zu machen, bewegt er sich in einer aufsteigenden, diagonalen Form, die mehrere Positionsverschiebungen über drei Oktaven erzwingt. Dies ist viel interessanter als eine herkömmliche vertikale pentatonische Box mit zwei Noten pro Saite. Ich habe auch ein paar Hammer-Ons für Geschmeidigkeit und Tempo hinzugefügt.

Beispiel 3n: E-Hirajoshi Lauf mit Fünfklang-Gruppierung

Ich war nicht allzu kreativ mit der Reihenfolge der Noten in diesem Lick, aber man kann ihn nutzen, um einen Shred-Lick zu erstellen. Die Hauptsache ist, dass ich die Grundlage gelegt habe, damit du loslegen und kreativ sein kannst!

Diese nächste Idee verwendet die B-Phrygische Tonleiter mit einem Drei-Noten-pro-Saite-Fingersatz über sechs Saiten. Ich benutze Triolen-Shreds mit frechen Hammer-Ons und Pull-Offs kombiniert, um die Dinge interessant zu halten. Es erinnert an Trivium und Racer X. Es ist leicht, in ein monotones Muster mit drei Noten pro Saite zu fallen, also spiele mit verschiedenen Legato-Notenplatzierungen und Timing.

Beispiel 3o: Aufbauender Shred-Lick in B-Phrygisch im Racer X Stil

Der nächste Lick kombiniert ein einfaches fünfsaitiges B-Moll Dreiklang-Arpeggio mit absteigenden Noten aus dem B-Phrygischen Modus. Das absteigende Pattern deutet auf F#-Lokrisch hin und ich habe Achteltriolen verwendet, um dem Lick etwas Swing verleihen.

Beispiel 3p: B-Moll-Arpeggio mit absteigendem F#-Lokrisch Drei-Noten-pro-Saite-Fingersatz über fünf Saiten

Die Kombination von Arpeggios und diatonischen Läufen verleiht einem ansonsten einfachen, absteigenden Lick mehr Aufmerksamkeit. Das bedeutet, dass wir von den größeren Intervallen eines Arpeggios zu den kleineren Intervallen einer Tonleiter springen. Du kannst diese Idee auf jeden Modus anwenden und sie mit drei-, vier- und sechssaitigen Arpeggios probieren.

Beispiel 3q verwendet einen B-Pedalton. Ich habe versucht, diesen Lick hauptsächlich auf einer Saite zu halten, da ich gesehen habe, wie Kirk Hammett und Michael Paget (Bullet For My Valentine) es ähnlich in Soli machen und es klingt für mich immer cool. Pedaltöne helfen wirklich Spannung aufzubauen. Da Phrygisch bereits ein spannungsgeladener Modus ist, macht das Hinzufügen eines Pedaltons ihn zu einer unaufhaltsamen Kraft ... für das Unheilvolle! Experimentiere mit dem Hinzufügen eines Pedaltones auf verschiedenen Saiten und schau, was dir sonst noch dazu einfällt.

Beispiel 3q: Lick in B-Pphrygisch mit Pedalton

Im nächsten Beispiel dachte ich, es würde Spaß machen, dir ein verrücktes Arpeggio über alle sechs Saiten zu geben, indem du die Intervalle 1., 3., 5., 7., 9. (die b2 eine Oktave höher) und 11. des B-Phrygischen Modus verwendest.

Dies wäre eine großartige Möglichkeit, ein Solo oder einen frechen Lick für die Improvisation zu starten. Es bedient all diese unheilvollen, spannungsreichen phrygischen Patterns. Achte darauf, dass du eine solche Idee nicht übermäßig nutzt. Betrachte es stattdessen als Geheimwaffe für besondere Anlässe – wie eine Bazooka, die mit Honigdachsen geladen ist oder ein Schwert, das vollständig aus Süßholz hergestellt wurde (ja, ich habe gerade meine Schwachstelle enthüllt!).

Beispiel 3r: Bm11(b9) Slidende Arpeggio-Licks

Hier ist eine Idee, die auf B-Phrygisch basiert, mit einem Drei-Noten-pro-Saite-Fingersatz, die verschiedene Techniken kombiniert. Sie hat schnelle triolische 16tel-Noten, die mit rollendem Legato gespielt werden und zusätzliche Tapped-Noten und Saiten-Skips.

Beispiel 3s: Legato-Lick in B-Phrygisch mit Drei-Noten-pro-Saite-Fingersatz, Tapped-Noten und Saiten-Skips

Die Verwendung von rollendem Legato und Tapped-Noten ist eine großartige Möglichkeit, Geschwindigkeit ohne Shredding oder Sweeping zu erzeugen. Die Saiten-Skips erzeugen mitten im Lick interessante Intervallsprünge, die dem Zuhörer einige melodische Überraschungen bescheren und ihm die Faszination erhalten sollen.

Beispiel 3t verwendet ein B-Moll-Pentatonik-Pattern mit einer zusätzlichen b2. Was diesen Lick interessant macht, ist die unterschiedliche Verteilung der Noten auf jeder Saite. Drei-Noten-pro-Saite-Fingersätze können dazu führen, dass wir in die Falle von vorhersehbaren triolischen Läufen oder Robotershreddern geraten. Die Verwendung eines solchen Fingersatz ermutigt uns, weniger formelhaft und mathematisch zu denken und führt zu viel weniger vorhersehbare Linien.

Beispiel 3t: B-Moll pentatonisch mit b2 Legato-Lick

Der nächste Lick verwendet ein klassisches Rock-Pattern, das in B-Moll-Triolen absteigt, und dann in einen aufsteigenden Tonleiterlauf mit einem Segment im A-Dorisch Modus in einem Drei-Noten-pro-Saite-Fingersatz übergeht. Wir können A-Dorisch in einem B-Phrygischen Kontext verwenden, da beide Modi aus der gleichen Tonart von G-Dur stammen und somit die gleichen Noten haben.

Beispiel 3u: Pentatonischer, absteigender Triolen-Lick in B-Moll mit aufsteigendem A-Dorischem Drei-Noten-pro-Saite-Fingersatz

Unser letzter Lick verwendet eine andere Pedalton-Idee mit der offenen B-Saite. Es hat einen gewissen AC/DC-Thunderstruck-Vibe. John Petrucci und Alexi Laiho haben diese Art von Lick in vielen ihrer Soli verwendet. Du wirst nicht immer die Möglichkeit haben, offene Saiten in deinen Licks zu verwenden, also wenn sich die Gelegenheit bietet, dann *mach es!*

Beispiel 3v: Lick auf offener B-Saite mit Pedalton

Bei offenen Saiten-Licks musst du sicherzustellen, dass die gegriffenen Noten von der Tonleiter abgeleitet werden. Beispiel 3v ist ideal für die Verwendung über eine B-Phrygische Akkordfolge. Die Auswahl der gegriffenen Noten ist eine beliebige Kombination aus C, D, E, F#, G und A, um in der Tonart zu bleiben.

Wie bei allen Modi ist es wichtig, einen geeigneten Jam-Track zum Üben zu finden. Mit etwas Glück beschwörst du das „thrashige Flamenco-Biest-Yeti-Monster", das schon immer in deiner Seele gelebt hat und sich wünscht, endlich herauszukommen!

Kapitel 4: Liebliches Lydisch

Die nächste Station auf unserer modalen Reise taucht uns in eine neblige Leere: ein mysteriöses, galaktisches Weltraumkönigreich, bekannt als *Lydisch*. Erlaube mir, den Rahmen dessen abzustecken, wofür der lydische Modus so bekannt ist.

Stelle dir vor, du reist mit Lichtgeschwindigkeit durch mehrere Galaxien oder fliegst majestätisch durch die Luft wie dieses Kind und der seltsame Drachenhund aus *Die unendliche Geschichte* (sein Name ist Fuchur, ich habe es gerade gegoogelt). Stelle dir vor, du öffnest beiläufig eine mysteriöse Schatzkiste. Der Nebel strömt heraus und offenbart ein goldenes Schwert, das von Flammen bedeckt ist. Es kann vielen großartigen Zwecken dienen, einschließlich der Herstellung des perfekten Soufflés, und es hat die Fähigkeit, einen gewöhnlichen Schnupfen zu heilen.

Stelle dir nun vor, du musst dich hinsetzen und einen Soundtrack für all diese verrückten Abenteuer komponieren. Es muss Gefühle von Aufregung, Geheimnis, Unsicherheit und Surrealismus einfangen. Fühlst du es? Denn wenn du es tust, sind wir bereit für unser lydisches, musikalisches Abenteuer.

Der lydische ist der vierte unserer sieben Modi und ist ein Dur-Modus. Dies bedeutet, dass er einen allgemein glücklichen Klang hat. Er hat jedoch eine erhöhte vierte Stufe. Seine übermäßige Quarte (#4) ist seine Charakternote – die Note, die in unzähligen Science-Fiction- und Fantasy-Filmmusiken verwendet wurde. Tatsächlich ist er bis auf diese eine Note identisch mit dem ionischen Modus. Er wurde auch in vielen Kompositionen von Gitarrenvirtuosen wie Steve Vai, Joe Satriani und John Petrucci mit großem Erfolg eingesetzt. Der lydische Modus ist sogar dafür bekannt, dass er gelegentlich im Progressive Rock/Metal auftritt.

Teil 1: Den lydischen Klang finden

In diesem Kapitel werden wir C-Lydisch für alle unsere Beispiele verwenden. Beginnen wir damit, die C-Lydische Tonleiter in einer Oktave zu spielen.

Beispiel 4a:

Wir können C-Lydisch auf zwei Arten betrachten. Wiederum (und ich weiß, dass du dich jetzt langweilst) ist es wichtig, den lydischen Modus als individuelle Tonleiter zu verstehen, aber es schadet nicht, ein paar seiner Pseudonyme zu kennen. Lydisch ist ...

1. Der vierte Modus der Dur-Tonleiter

2. Identisch mit der Dur-Tonleiter, bis auf die Note #4.

Vergleichen wir C-Ionisch und C-Lydisch ergibt sich folgende Notenfolge:

C-Ionisch (C D E **F** G A B C)

C-Lydisch (C D E **F#** G A B C)

Beispiel 4b:

Ionische Tonleiterformel = 1 2 3 4 5 6 7

Lydische Tonleiterformel = 1 2 3 #4 5 6 7

Wie du sehen kannst, ist der einzige Unterschied zwischen den beiden Tonleitern die vierte Note. Der ionische Modus hat ein Halbtonintervall zwischen der dritten und vierten Note, während der lydische Modus ein Ganztonintervall hat und die übermäßige Quarte (#4) erzeugt.

Die übermäßige Quarte (#4) ist die wichtigste Note in der Tonleiter und gibt dem Lydischen seinen räumlichen, traumhaften und etwas erhebenden, charakteristischen Klang.

Der Vergleich der beiden oben genannten Tonleitern gibt dir einen schnellen Überblick über die Intervalle des lydischen Modus und die differenzierende charakteristische Note. Allerdings bedeutet das Wissen, dass Lydisch im Wesentlichen eine "Dur-Tonleiter mit einer #4" ist, sehr wenig, wenn wir kein Verständnis dafür haben, wie die Tonleiter im Kontext über Akkordfolgen funktioniert.

Betrachten wir eine einfache Akkordfolge mit charakteristisch lydisch klingenden Akkorden. Wir spielen zwei Akkorde und zwei Takte mit einfachen auf- und absteigenden Tonleiterläufen. Dies wird dir helfen, dich nicht nur an den Klang der Tonleiter zu gewöhnen, sondern auch an die Akkorde, die die Gesamtstimmung erzeugen.

Spiele das folgende Beispiel und probiere die Tonleiterideen über den lydischen Backing-Track aus.

Beispiel 4c: C-Lydische Akkordfolge mit auf- und absteigender Tonleiter

Scale Runs

Die #4 (F#) Note ist die charakteristische Note von C-Lydisch und ist in den Cmaj7(#11) und D7 Akkorden enthalten. Wenn wir die Tonleiter mit diesen Akkorden kombinieren, haben wir ein besseres Gespür für den lydischen Klang.

Mit diesen Elementen im Hinterkopf können wir den lydischen Modus nutzen, um Momente des Dramas, der Spannung und des galaktischen Abenteuers in Songs zu schaffen. Es wird oft als Kompositionswerkzeug verwendet, um eine spannungsgeladene, dramatische Bridge oder ein Outro zu einem Song zu schaffen.

Lydisch wird in Filmmusik immer wieder verwendet. Stelle dir eine Raumschifflandung vor. Das Geheimnis und die Spannung bauen sich auf, als sich die Türen des Raumschiffs langsam öffnen, dann ... BAM! Draußen taucht ein Außerirdischer auf. Oder, wenn du Jodie Foster im Science-Fiction-Blockbuster *Contact* von 1997 siehst: Eine verschwommene, möglicherweise außerirdische oder monsterartige Figur in der Ferne ... und es stellt sich heraus, dass es ihr Vater ist. (Hust, Hust ... hier kommt eine Buschkugel angerollt).

Hier sind einige Beispiele für lydische Songs, die du dir anhören kannst, um dich an den charakteristischen Klang zu gewöhnen. Vielleicht kannst du einige lydische Songs zur Liste hinzufügen:

• Curve – John Petrucci

• Flying in a Blue Dream – Joe Satriani

• The Simpsons Theme – Danny Elfman

• Dreams – Fleetwood Mac

• E.T. The Extra-Terrestrial OST Far From Home – John Williams

Teil 2: Die diatonischen Akkorde des lydischen Modus

Im lydischen Modus besteht eine starke Beziehung zwischen Akkord I und Akkord II. Zwei Dur-Akkorde nebeneinander zu haben, trägt zum fröhlichen Klang dieses Modus bei, erzeugt aber auch eine ungewöhnliche Spannung. Betrachten wir die diatonischen Akkorde des lydischen im Vergleich zum ionischen.

Diatonische Akkorde ab Akkord I (ionisch)

Dur	Moll	Moll	Dur	Dur	Moll	min 7 b 5 (oder halb-vermindert)
I	ii	iii	IV	V	vi	vii

Diatonische Akkorde ab Akkord IV (lydisch)

Dur	Dur	Moll	min7b5	Dur	Moll	Moll
I	II	iii	#iv	V	vi	vii

Wir können nun die Noten von C-Lydisch (C D E F# G A B) nehmen und damit tonleitereigene Akkorde erstellen.

Beispiel 4d:

Wenn wir mit diesem Modus komponieren, sollten wir die Akkorde einbeziehen, die besonders den Klang der übermäßigen Quarte (#4.) hervorheben – im Falle von C-Lydisch das F#. Ein einfacher Ansatz ist es, eine Akkordfolge zu erstellen, die die IV- und V-Akkorde kombiniert, da es kein anderes Beispiel in einer diatonischen Akkordfolge gibt, bei der zwei Dur-Akkorde einen Ganzton auseinander nebeneinander erscheinen. Andere gute Entscheidungen sind die vii- oder #iv-Akkorde.

Jeder der folgenden Akkorde enthält die charakteristische F#-Note:

D-Dur (II-Akkord) = D F# A

B-Moll (Vii-Akkord) = B D F#

F#m7b5 (#iv-Akkord) = F# A C E

Versuche, ein paar Akkordfolgen zu schreiben, die diese Akkorde verwenden, wobei du mit einem C-Dur-Akkord beginnst und endest, um ein Gefühl für den lydischen Klang bekommen. Hier sind zwei Beispiele:

Beispiel 4e – Sequenz 1:

Beispiel 4f – Sequenz 2:

Teil 3: Das Solospiel im lydischen Modus mit Tonleitern und Arpeggios

Du hast es schon dreimal gehört! ... Jetzt wirst du es ein viertes Mal hören!

1. Was ist der Drei-Noten-pro-Saite-Fingersatz für diesen Modus vom Grundton aus?

2. Welche Art von Pentatonik kann ich verwenden, z. B. normale, erweiterte oder Mollparallele?

3. Welche Arten von Arpeggios unterstreichen den Klang des Modus?

Hier ist die diatonische, lydische Tonleiter über alle sechs Saiten, mit einem Drei-Noten-pro-Saite Fingersatz.

Beispiel 4g:

Wenn ich den lydischen Modus spiele, werde ich immer die große Terz (E in C-Lydisch) hervorheben, um diesen Dur-Klang zu betonen. Genauso betone ich aber auch die übermäßige Quarte (F#), da diese Note eine große Spannung erzeugt. Denn das ist es, was dem Modus seinen eigenartigen, räumlichen Klang verleiht. Wenn du zusätzlich noch die große Septime (B in C-Lydisch) hervorhebst, kann dies die Spannung noch steigern.

Pentatonik

Im Falle des lydischen Modus ist es eine coole Substitutionsidee, die pentatonische Tonleiter vier Halbtöne über dem Grundton zu beginnen. Anstelle der C-Lydischen Tonleiter können wir also E-Moll-Pentatonik spielen.

Beispiel 4h:

Du kannst auch alle anderen Moll-Pentatonik-Pattern verwenden und eine Blue-Note hinzufügen – die verminderte Quinte (b5) von E (Bb).

Die E-Hirajoshi-Tonleiter, die ich im vorherigen Kapitel erwähnt habe, funktioniert auch wirklich gut anstelle der C-Lydischen Tonleiter. Die Noten sind E, F#, G, B und C (1, 2, b3, 5, b6).

Beispiel 4i:

Diese Tonleiter beschwört nicht nur Ninjas, sie hat auch eine schöne gruselige, dramatische Stimmung aufgrund der Betonung der kleinen Sexte (b6.) Der Grund, warum diese Tonleiter in einem C-Lydischen Kontext so gut funktioniert, liegt darin, dass sie auch die großen Terz- und Dur-7-Töne des C-Lydischen hervorhebt – beide sind für ihren Charakter wichtig. Wenn man die E-Hirajoshi-Tonleiter auf einer C-Note statt auf einer E-Note beginnt, erhält man eine, wie ich sie nenne, "lydische Pentatonik-Box", die sich aus den Noten C E F# G und B zusammensetzt.

Betrachten wir die C-Moll-Pentatonik und "C-Lydische Pentatonik" nebeneinander:

Beispiel 4j:

Wenn Ninjas Leadgitarre spielen würden, wäre dies sicherlich die Art von Tonleiter, die sie aus Rache für den Tod ihres Großvaters, der durch die Hand der benachbarten rivalisierenden Ninja-Clans getötet wurde, spielen würden.

Im Zusammenhang mit dem C-Lydischen Modus gibt es vier Zwei-Noten-Pro-Saite-E-Hirajoshi-Pattern, die über das gesamte Griffbrett gehen.

Beispiel 4k:

Arpeggios

Reden wir über Arpeggios. Der Standard-Dur-Dreiklang besteht aus der 1., 3. und 5. Note einer Dur-Tonleiter (C, E und G in C-Dur). Um den lydischen Klang hervorzuheben, fügen wir die übermäßige Quarte (#4, F#) hinzu.

Das Arpeggio unten verwendet ein hohes Register und überspannt zwei Oktaven mit dem gebräuchlichsten Fünfsaiten-Pattern, mit der Ergänzung der übermäßigen Quarte (#4). Lass uns einen Standard-C-Dur-Dreiklang mit ihrer *lydisch angehauchten* Variante vergleichen.

Beispiel 4l:

Das nächste Arpeggio verwendet eine etwas weniger gebräuchliches Fünfsaiten-Pattern, welches in einem tieferen Register gespielt wird.

Beispiel 4m:

Wenn diese Patterns über einem I-Akkord oder einem dröhnenden C-Lydischen Riff verwendet werden, sind sie eine großartige Möglichkeit, die berührenden Eigenschaften dieses Modus hervorzuheben. Du kannst sie auch in jedem anderen Modus oder jeder anderen Akkordfolge verwenden, wenn sich der geeignete Akkordwechsel ergibt! So kannst du beispielsweise ein *lydisch angehauchtes* Arpeggio über einem IV-Akkord in einer ionischen Akkordfolge oder einen III-Akkord in einer dorischen Akkordfolge verwenden, usw.

Teil 4: Lydische Licks, die dir helfen, kreativ zu werden

Jetzt ist es an der Zeit zu sehen, wie diese melodischen Ideen in einem musikalischen Kontext eingesetzt werden können. Beispiel 4n ist ein Drei-Noten-pro-Saite diatonischer Lauf, den ich beim Improvisieren ziemlich oft verwende. Diese Idee kann auf jeden Modus angewendet werden, aber ich mag es besonders, sie in einem lydischen Kontext zu verwenden.

Beachte, dass ich ein paar Hammer-Ons und Pull-Offs hinzugefügt habe, um es weniger roboterhaft und linear zu machen. Ich habe auch zwei Triolen hinzugefügt, um das gerade 16tel-Notenmuster aufzubrechen. Es gibt einige Momente, in denen der Lick kurz absteigt, um zu verhindern, dass er wie eine aufsteigende Tonleiter klingt.

Experimentiere mit der Änderung der Platzierung von Legato-Noten und Triolen. Sei kreativ und spiele damit herum, bis du eine Kombination von Noten findest, die so klingen, wie du es wünschst.

Beispiel 4n: C-Lydisch aufsteigender Lick im Tremonti-Stil

Das nächste Beispiel verwendet die zuvor erwähnte Substitution durch die E-Moll-Pentatonik (E, G, A, B und D). Sie fängt den lydischen Klang sehr schön ein. In diesem Fall habe ich die fehlenden diatonischen Noten (C und F#) ab und zu eingefügt, um den Klang zu verstärken.

Beispiel 4o: E-Moll-Pentatonik mit C-Lydischem diatonischem Abstieg

Aus früheren Beispielen wissen wir, dass die Pentatonik einen großartigen bluesigen Klang hat, der in 99 % aller Fälle funktioniert, aber in einem lydischen Kontext ist ihr Mangel an Halbtönen auffällig. Wir brauchen diesen Raumklang, um den verträumten lydischen Sound zu erzeugen. Also fügen wir die übermäßige Quarte (#4, F#) hinzu. Das Hinzufügen der B-Note schafft einen schwebenden Klang, der perfekt zur lydischen Atmosphäre passt.

Dieser nächste Lick verwendet ein C-Dur-Dreiklang-Arpeggio mit einer zusätzlichen übermäßigen Quarte (#4). Dies gibt uns sofort den lydischen Sound. Ich habe einige interessante Positionsverschiebungen sowie einige Quinten hinzugefügt, um den futuristischen Raumklang zu ergänzen.

Beispiel 4p: C-Dur-Arpeggio mit #4 und absteigendem Slide-Lick über fünf Saiten

Beispiel 4q verwendet den Grundton C als Pedalton und bewegt sich schrittweise durch die C-Lydische Tonleiter. Ich habe gehört, wie Bands wie Testament, Trivium und Judas Priest solche Licks in Soli verwenden. Oft als Mittel, Dinge zu verlangsamen und Spannung zu erzeugen, bevor eine schnellere, explosivere Passage, wie ein epischer Shred oder Sweep-Pick-Arpeggio, folgt. Experimentiere, indem du verschiedene Pedaltöne ausprobierst. Du könntest versuchen, diese Idee umzudrehen und eine hohe Note als Pedalton verwenden, während du die Tonleiter heruntergehst.

Beispiel 4q: C-Lydischer Pedalton-Lick

Diese nächste Idee verwendet ein Major-7-Arpeggio mit einer übermäßigen Quarte (#4) über drei Oktaven. Ich habe auch einige Slides und ein Major-7-Arpeggio mit String-Skips hinzugefügt, das sich zu einem sus2-Arpeggio auflöst.

Beispiel 4r: Diagonaler E-Hirajoshi-Lick mit absteigendem Cmaj7 Saiten-Skip-Arpeggio

Das Major-7-Intervall ist auch ein Merkmal des ionischen Modus, also ist es kein rein lydischer Sound. Wenn man ihn aber mit der lydischen übermäßigen Quarte (#4) kombiniert, erhält man zwei schöne Spannungsmomente. Das hebt den seltsamen atmosphärischen lydischen Klang hervor und ist für mich ein Muss – vor allem, wenn mir beim Improvisieren das Material ausgeht!

Beispiel 4s verwendet die lydische pentatonische (auch bekannt als Hirajoshi) Idee, die wir uns vorhin angesehen haben und ist eine meiner Lieblings-Tonleiterformen. Dieses Beispiel beinhaltet Hammer-Ons, Slides, Taps, Bends und Fünfklang-Gruppierungen – alle so konzipiert, dass das Timing der Phrase weniger vorhersehbar ist.

Beispiel 4s: C-Lydische Pentatonik mit aufsteigenden Quinten-Legato-Licks und Taps.

Fünf- und Sieben-Noten-Arrangements sind eine wirklich einfache Möglichkeit, vorhersehbaren 4tel-, 8tel- und 16tel-Noten-Pattern zu entkommen. Sie bringen Überraschungsmomente, da der Schwerpunkt auf unerwarteten Taktschlägen im Takt liegt. Diese Art von Lick kann auf jeder pentatonischen oder Zwei-Noten-Pro-Saite-Tonleiter verwendet werden, also experimentiere damit in verschiedenen Tonarten und Modi.

Der nächste Lick beginnt mit einer Kombination aus einer Csus2-Form und einem B-Moll-Dreiklang, deren Wirkung einem Cmaj9-Arpeggio ähnelt. Der Lick bewegt in einem aufsteigenden E-Hirajoshi-Lauf und geht dann in die E-Moll-Pentatonik über.

Ich liebe diesen Lick, da er unglaublich vielfältig ist. Nonen-Arpeggios werden weit weniger verwendet als Dreiklänge oder Septimen-Arpeggios, dies gibt sofort einen frischeren Klang. Die Kombination der Hirajoshi- und Moll-Pentatonik-Tonleitern erzeugt einen japanisch klingenden Hybridsound, gemischt mit traditionellem Blues.

Die Kombination von Licks verschiedener Klangrichtungen wie diese, lässt deine Licks nicht so klingen, als wären sie von einem anderen Gitarristen geliehen (gestohlen) worden. Wir alle haben diesen einen Kerl gehört, der *nur* SRV und Hendrix hört, dessen Licks wie ein schaler, ätzender Tribut klingen. Also um jeden Preis, sei nicht dieser Kerl. Sei *nie* dieser Kerl!

Beispiel 4t: Csus2/Cmaj9-Arpeggio-Lick mit E-Hirajoshi-Lauf und Slide in E-Moll Pentatonik

Das nächste Beispiel verwendet die C-Lydische Drei-Noten-pro-Saite-Tonleiterform. Er erfordert neben dem Tapping auch eine rollende Legato-Technik. Ich habe auch einige Saiten-Skips hinzugefügt, um interessante Intervallsprünge zu erzeugen!

Denke daran, dass du dieses Konzept in jeder beliebigen Form des Drei-Noten-pro-Saite-Fingersatzes verwenden kannst. Wenn du getappte Noten hinzufügst, stelle sicher, dass es sich um diatonische Noten aus der übergeordneten Tonart handelt. Wenn du dich besonders mutig fühlst, probiere dieses Konzept mit den Harmonisch-Moll- und anderen exotischen Tonleiterformen aus.

Beispiel 4u: C-Lydisches Saiten-Skip-Legato-Lick mit Taps im Drei-Noten-pro-Saite-Fingersatz

Beispiel 4v verwendet wieder die E-Hirajoshi-Tonleiter. Der Lick ist ziemlich einfach, da er gerade 16tel-Noten mit Legato-Technik verwendet, um die Phrasierungen nicht allzu roboterhaft klingen zu lassen.

Beispiel 4v: E-Hirajoshi-Lick mit Hammer-Ons und Pull-Offs

Zögere nicht, diese Idee mit anderen Zwei-Noten-Pro-Saite-Fingersatz auszuprobieren. Sei tapfer, sei mutig und überlege, was für Licks du dir ausdenken kannst.

Der letzte Lick in diesem Kapitel kombiniert ein Cmaj7-Arpeggio über sechs Saiten mit der E-Hirajoshi-Tonleiter in der fünften Position. Der wird charakteristisch lydisch klingen. Er hat ein kurzes absteigendes Legato-Pattern, das in Fünfergruppen arbeitet. Wovon ich besessen bin, wenn du es noch nicht bemerkt hast!

Dieser Lick klingt sehr à la ZOUPA. Ich liebe sechssaitige Arpeggios mit Legato und Slides; ich liebe Fünfklang-Gruppierungen; und ich liebe es, Phrasen zu lösen, die Bends verwenden, die von außen nach innen gehen! Allerdings ist es wichtig bei der Erstellung eigener Licks und Soli, das wiederzugeben, was du liebst. Dies wird dir helfen, deinen eigenen Spielstil zu festigen und deine Stimme als Gitarrist zu finden.

Beispiel 4w: Sechssaitiger Cmaj7-Arpeggio-Lick kombiniert mit absteigender Hirajoshi Tonfolge und Bend am Schluss.

Zusammenfassend lässt sich sagen, dass alles, was du hier gelernt hast, auf andere lydische Tonarten übertragen werden kann. Suche dir einige lydische Jam-Tracks und spiele mit, bis du diesen räumlichen, spannungsgeladenen, verträumten und manchmal groovigen Sound findest.

Kapitel 5: Magisches Mixolydisch

In all meinen Jahren als Musikschüler war Mixolydisch der herausragende Modus, der mich am meisten fasziniert hat. Meine Faszination beruht auf seiner Vielseitigkeit und seinem unglaublichen Eklektizismus. Dies zeigt sich an der breiten Anwendung des Modus in verschiedenen Kulturen, Zeiträumen und Musikrichtungen.

Wenn es einen Planeten namens Mixolydisch gäbe, seine Bewohner wären glückliche, herumhüpfende Hobbits und springende Kobolde. Die Straßen wären voll von charmanten Paraden mit unzähligen bemalten indischen Elefanten und jeder würde den Glam-Metal der 80er Jahre hören. Außerdem, wenn es Wagen in den Paraden gäbe, dann gäbe es einen Steve Vai-Wagen. Er dürfte aber seine Gitarre nur mit dem „mystischen Sitar"-Effekt spielen. Wie du sehen kannst, wäre Mixolydisch eine mystische und charmante Welt.

Mixolydisch ist der fünfte unserer sieben diatonischen Modi. Er ist bekannt für seinen Faust-emporstreckenden Sound und seine grenzenlose Positivität. So ist es kein Wunder, dass dieser Modus in den 80er Jahren wiederholt eingesetzt wurde, um Rock'n'Roll- und Glam-Metal-Hymnen zu kreieren. Dieser Modus wird auch häufig in der traditionellen keltischen und indischen Musik verwendet. Er wurde sogar in der mittelalterlichen Musik verwendet! (Frag Sven von Skyrim. Ich entschuldige mich, wenn der Gag/die Referenz zu obskur ist!)

Teil 1: Den mixolydischen Klang finden

In diesem Kapitel werden wir E-Mixolydisch für alle unsere Beispiele verwenden. Beginnen wir damit, die E-Mixolydische Tonleiter in einer Oktave zu spielen.

Beispiel 5a:

Abgesehen davon, dass es sich um eine eigenständige Tonleiter und einen eigenständigen Klang handelt, können wir uns Mixolydisch auf zwei weitere Arten vorstellen:

1. Als fünfter Modus der übergeordneten Dur-Tonleiter (in diesem Fall ist E-Mixolydisch der fünfte Modus von A-Dur).

2. Als Dur-Tonleiter mit einer b7.

Es ist leicht zu erkennen, was den mixolydischen Modus ausmacht, wenn man E-Ionisch und E-Mixolydisch nebeneinander vergleicht.

E-Ionisch = E F# G# A B C# **D#** E

E-Mixolydisch = E F# G# A B C# **D** E

Beispiel 5b:

Ionische Tonleiterformel = 1 2 3 4 5 6 7

Mixolydische Tonleiterformel = 1 2 3 4 5 6 b7

Der einzige Unterschied zwischen den beiden Modi ist die Septime. Der ionische Modus hat ein Halbtonintervall zwischen der Septime (7.) und der Oktave, während der mixolydische ein Ganztonintervall hat, der eine b7 (b7 oder Dominant-7.) Beziehung zum Grundton erzeugt.

Diese b7-Note verleiht dem mixolydischen Modus seine charakteristischen Rock'n'Roll-, Dark Blues- und Hymnensounds, während die normale große Septime (7.) des ionischen einen unaufgelösten, friedlichen und doch besinnlichen Klang hat. Obwohl nur eine Note vom ionischen zum mixolydischen geändert wurde, ist der Unterschied in Klang und Gefühl recht groß.

Wie ich bereits in den vorangegangenen Kapiteln erwähnt habe, gibt dir der Vergleich einer Tonleiter mit einer anderen ein Verständnis für Intervalle und die verschiedenen Tonleiterformeln. Jedoch wird er dein Verständnis, wie der Modus in einem musikalischen Kontext funktioniert, nicht erhöhen. Der beste Weg dies zu erreichen ist, den Modus mit Akkorden zu hören.

Schau dir das folgende Beispiel an. Es ist eine einfache Akkordfolge, die aus vier Akkorden besteht, gefolgt von einer auf- und absteigenden Version der E-Mixolydischen Tonleiter innerhalb einer Oktave.

Beispiel 5c: E-Mixolydische Akkordfolge mit auf- und absteigender Tonleiter

Die Akkordfolge besteht aus E-Dur, D-Dur und A-Dur, was bedeutet, dass die Abfolge vollständig aus Dur-Akkorden besteht. Stilistisch ist dies bei mixolydischen Rock-Sequenzen und -Kompositionen sehr verbreitet.

Nebenbemerkung: Hast du bemerkt, dass die oben dargestellte Akkordfolge den Akkord D-Dur beinhaltet? D-Dur beinhaltet die kleine Septime (b7) der Tonleiter (der einzige Unterschied zwischen Dur und Mixolydisch ist die b7 Note), und ist deshalb ein großartiger Akkord beim Gebrauch des mixolydischen Modus. In mixolydischen Akkordfolgen wirst du oft den Tonika-Akkord sehen, in diesem Fall E-Dur, gefolgt von einem Dur-Akkord einen Ton tiefer, in diesem Fall D-Dur. Ein ausgezeichnetes Beispiel für diesen Wechsel zwischen dem D- und C-Akkord ist der Song *Sweet Child O' Mine.*

Wenn Akkordfolge und Tonleiter nacheinander gespielt werden, bekommt man das Gefühl eines fröhlichen, aber dennoch knallharten Rocksounds. Unter Berücksichtigung dieser Faktoren ist es leicht zu verstehen, warum der mixolydische Modus ein so wichtiger Bestandteil für Party-Rock, Glam Metal und Stadion-Rock-Musik der 80er Jahre ist.

Hier sind einige Beispiele für mixolydische Songs:

*   Nothing But A Good Time – Poison

*   Glasgow Kiss – John Petrucci

*   Royals – Lorde

*   Sweet Child O' Mine – Guns N' Roses

*   Highway To Hell – AC/DC

Teil 2: Die diatonischen Akkorde des mixolydischen Modus

Der besondere Charakter des mixolydischen Modus ergibt sich aus der Beziehung zwischen dem I- und IV-Akkord und oft auch dem I- und bVII-Akkord. Es ist wichtig zu bemerken, dass alle drei dieser Akkorde Dur sind.

Lass uns die diatonischen Akkorde des ionischen und des mixolydischen Modus vergleichen:

Diatonische Akkorde von Ionisch

Dur	Moll	Moll	Dur	Dur	Moll	m i n 7 b 5 (oder halb-vermindert)
I	ii	iii	IV	V	vi	vii

Diatonische Akkorde von Mixolydisch

Dur	Moll	min7b5	Dur	Moll	Moll	Dur
I	ii	iii	IV	v	vi	bVII

Beispiel 5d:

Beim Komponieren mit dem mixolydischen Modus wollen wir normalerweise die b7 hervorheben. Der einfachste Weg ist, den I-Akkord in einer Sequenz mit dem bVII-Akkord zu paaren (der „Faust-heraufstreckende" Rock-Akkord, wenn er dem V-Akkord folgt). Oder wir können die v- oder iii-Akkorde hervorheben. Alle enthalten das Merkmal b7 (D).

D-Dur (Akkord bVII) = D F# A

B-Moll (Akkord v) = B D F#

G#m7b5 (Akkord iii) = G# B D F#

Versuche, ein paar Akkordfolgen mit diesen Akkorden zu schreiben, vorzugsweise beginnst und endest du mit E-Dur, um das mixolydische Gefühl einzufangen. Hier sind ein paar Ideen:

Beispiel 5e – Sequenz 1:

Beispiel 5f – Sequenz 2:

Teil 3: Das Solospiel im mixolydischen Modus mit Tonleitern und Arpeggios

Tut mir leid, wenn ich jetzt wie eine kaputte Schallplatte klinge, aber ...

1. Was ist der Drei-Noten-pro-Saite-Fingersatz für diesen Modus vom Grundton aus?

2. Welche Art von Pentatonik kann ich verwenden, z. B. normale, erweiterte oder Mollparallele?

3. Welche Arten von Arpeggios unterstreichen den Klang des Modus?

Hier ist der Drei-Noten-pro-Saite-Fingersatz für Mixolydisch über alle sechs Saiten:

Beispiel 5g:

Wenn ich in Mixolydisch spiele, möchte ich die große Terz (G# in der Tonart E-Mixolydisch) hervorheben, um den glücklichen, positiven Sound rüberzubringen und ich möchte auch die kleine Septime (b7 = D) unterstreichen, welche die ausdruckstärkste Note ist. Die kleine Septime (b7) sorgt für das bluesige, aber rockige Feeling der Tonleiter und betont den Stadion-Rock-Sound (sowie den eher Keltischen, Hobbit ähnlichen Sound).

Pentatonik

Lass uns über die Pentatonik reden. Du hast den Begriff „Mollparallele" oder „relative Minor" vielleicht schon einmal gehört, also lass uns eine kurze Erklärung einfügen, ohne dich zu langweilen. Dur- und Moll-Tonleitern sind relative Tonarten (auch parallele Tonarten genannt). Sie bestehen aus den gleichen Noten. Die parallele Moll-Tonleiter von G-Dur ist E-Moll. Du kannst die parallele Moll-Tonleiter immer finden, indem du drei Halbtöne vom Grundton deiner Dur-Tonleiter auf der Gitarre abwärts gehst. Viele Spieler entscheiden sich dafür dies zu tun, damit sie in dem komfortablen Pattern der Moll-Pentatonik spielen können. Das gleiche Prinzip können wir auch auf Mixolydisch anwenden. Wenn wir drei Halbtöne vom Grundton (E) aus abwärts gehen, sind wir in der C#-Moll-Pentatonik.

Beispiel 5h:

Die sexysten Noten dieser pentatonischen Tonleiter sind das E (der Grundton von E-Mixolydisch), G# (die große Terz) und B (die Quinte). Diese sind es besonders wert zu betonen. Aber du kannst auch die Blue-Note G (die verminderte Quinte) als erotischen, tonleiterfremden Durchgangston hinzufügen.

Diese nächste Tonleiter ist meine bevorzugte Art, über eine mixolydische Akkordfolge (oder einen V-Akkord in einem ionischen Kontext) zu solieren. Ich nenne es die „mixolydische Pentatonik", weil es die 1., 3., 4., 5. und 7. Note der mixolydischen Tonleiter verwendet. Vergleichen wir die E-Moll-Pentatonik (E, G, A, B und D) und die E-Mixolydische Pentatonik (E, G#, A, B und D) nebeneinander.

Beispiel 5i:

Der einzige Unterschied zwischen den beiden Tonleitern besteht darin, dass die E-Moll-Pentatonik ein kleines Terz-Intervall hat, während die E-Mixolydische Pentatonik eine große Terz hat. Mit dieser Tonleiterform können wir sowohl die große Terz als auch die kleine Septime hervorheben, was dem mixolydischen Modus seinen bluesigen, aber Faust-emporstreckenden Klang verleiht. Dann können wir diese Idee auf die anderen Positionen der Moll-Pentatonik übertragen, *indem wir* sie dabei *mixolydisieren* ... und ja, das Wort habe ich mir gerade ausgedacht. Lass uns die Tonleitern anhand der verbleibenden Positionen vergleichen.

Beispiel 5j:

Position 2 E Mixolydian Pentatonic · Position 3 E Mixolydian Pentatonic

Position 4 E Mixolydian Pentatonic · Position 5 E Mixolydian Pentatonic

Arpeggios

Lass uns nun über den reizvollsten musikalischen Begriff von allen sprechen: *Arpeggios!* Im Fall von Mixolydisch möchte ich mich nur auf dominante Arpeggios konzentrieren. Ein E7-Arpeggio besteht aus der ersten Note der Tonleiter (E), der großen Terz (G#), der Quinte (B) und der kleinen Septime (D). Das D gibt uns den mixolydischen Klang, so dass dieses Arpeggio perfekt zum mixolydischen Modus passt. Betrachten wir drei verschiedene Möglichkeiten, ein E7-Arpeggio zu spielen.

Das erste Arpeggio verwendet den gebräuchlichsten fünfsaitigen Dur-Dreiklang-Fingersatz mit hinzugefügter kleiner Septime (b7). Lass uns das normale Dur-Dreiklang- und das Dominant-7-Arpeggio nebeneinander vergleichen.

Beispiel 5k:

Das nächste Arpeggio basiert auf einem weniger verbreiteten fünfsaitigen Dur-Dreiklang-Fingersatz. Noch einmal werden wir ein normales Dur-Dreiklang- und Dominant-7-Arpeggio nebeneinander betrachten.

Beispiel 5l:

Das letzte Pattern ist ein E7-Arpeggio, das alle sechs Saiten umfasst und fast dreieinhalb Oktaven abdeckt. Vergleichen wir es noch einmal mit dem normalen Dur-Dreiklang-Pattern, um den unterschiedlichen Klang zu hören, den die Dominant-7-Note dem Arpeggio verleiht.

Beispiel 5m:

Beachte, dass diese Arpeggio-Formen in andere mixolydische Tonarten übertragbar sind. Sie sind in jedem Modus über diatonische und nicht-diatonische Dominant-Akkorde verwendbar!

Teil 4: Mixolydische Licks, die dir helfen, kreativ zu werden

Hier sind einige Licks und Konzepte, damit du den mixolydischen Modus auf kreative, musikalische Weise nutzen kannst. Im ersten Lick verwenden wir die mixolydische pentatonische Tonleiter, um einen 16tel-Noten-Lick mit einem Fünfklang-Gruppierungspuls zu erzeugen.

Beispiel 5n: E-Mixolydischer pentatonischer Lick mit absteigenden Quinten

Ich verwende gerne die Legato-Technik in Fünf-Noten-Impuls-Licks, um Geschwindigkeit und einen flüssigen „Notenwirbel" zu erzeugen. Der ungerade Zahlenimpuls über eine gerade 16tel-Note bedeutet, dass die Noten weniger „auf den Beat" fallen und unvorhersehbarer erscheinen. Wenn du auf den Geschmack von interessanten Patterns mit ungeraden Impulsen gekommen bist, sei dir gesagt, dass dieses Konzept auch mit normaler Pentatonik funktioniert. Es klingt auch interessant und weniger vorhersehbar, wenn du Sieben-Noten-Patterns verwendest.

Beispiel 5o basiert auf der mixolydischen Pentatonik, aber ich habe die Notenreihenfolge von dem üblichen 1, 3, 4, 5, 7 Muster (E G# A B D) auf 3, 4, 5, 7, 1, 7 (G# A B D E D E) geändert. Dieser Lick macht mehr Spaß beim Spielen als dein üblicher pentatonischer Zwei-Noten-pro-Saite-Fingersatz. Er bewegt sich diagonal über das Griffbrett, nicht vertikal.

Dieser Lick ist eine coole Möglichkeit, einen großen melodischen Bereich auf der Gitarre abzudecken, erfordert aber auch Positionsverschiebungen in jeder Oktave. Beachte den coolen Klang, der durch die Verwendung eines Sieben-Noten-Patterns mit Triolen-Feeling entsteht.

Beispiel 5o: Diagonaler mixolydischer Pentatonik-Lick

Die nächste Idee verwendet eine einfache diatonische Tonleiter mit drei Noten pro Saite in E-Mixolydisch und fügt eine sanfte Legato-Technik mit einem Sieben-Noten-Impuls hinzu.

Beispiel 5p: Rollendes Legato-Lick in E-Mixolydisch in Septimen mit einem frechen Bend zum Schluss.

Ein rollendes Legato ist eine großartige Möglichkeit, eine andere Geschwindigkeit als die normale Shred-Geschwindigkeit zu erzeugen. Legato-Licks wie diese sind besonders interessant, weil sie eine sanfte, entspannte Atmosphäre mit etwas chaotisch klingenden Elementen verbinden. Den obigen Lick löste ich mit einem Bend von einer tonleiterfremden Note zu einer Tonleiternote auf. Es ist ein Klang, der mir ans Herz gewachsen ist, weil ich mit Marty Friedman und Cacophony aufgewachsen bin. Ich habe sie geliebt! Denke daran, dass diese Art des Legato-Spiels auf jedem Drei-Noten-pro-Saite-Fingersatz verwendet werden kann.

Beispiel 5q kombiniert ein E7-Arpeggio mit einem diatonischen absteigenden Tonleiter-Pattern mit geraden 16tel-Noten. Ich habe einen Slide eingefügt, um die Positionsverschiebung überschaubarer und nahtloser zu gestalten.

Beachte, dass das E7-Arpeggio auf einer D-Note beginnt – der kleinen Septime (b7) des Arpeggios, das den b7-Mixolydisch Sound hervorhebt. Das Arpeggio slidet auch in eine D-Note, bevor es ein relativ vorhersehbares Pattern absteigt.

Denke daran, dass Arpeggios wie Akkordumkehrungen sind. Wir müssen nicht mit der Grundtonart beginnen und enden. Das Wichtigste, worum man sich kümmern muss, sind die Noten des Arpeggios. Ich sage häufig zu meinen Schülern: „Es ist die Summe der Teile, nicht die Reihenfolge der Noten, die den Akkord bilden." Das gilt auch für Arpeggios. Versuche, verschiedene Arpeggio-Formen mit unterschiedlich absteigenden diatonischen Tonleitern zu mischen. Es wird interessantere Intervalle schaffen, sowie verschiedene Aspekte des Modus, mit dem du arbeitest, hervorheben.

Beispiel 5q: E7-Arpeggio mit Slide zu einem in Sechzehnteln absteigendem Pattern über fünf Saiten

Dieser nächste Lick kombiniert die dritte Position der E-Mixolydischen Pentatonik mit der zweiten Position der C#-Moll-Pentatonik. Ich habe einige Legato-Techniken hinzugefügt, um Geschmeidigkeit zu erhöhen, sowie die gelegentlichen Triolen und Slides, um die Positionsverschiebungen zu erleichtern.

Denke daran, dass jede dieser pentatonischen Tonleitern einen etwas anderes Klang hat. Die E-Mixolydische Pentatonik hat ein Halbtonintervall (G# bis A), das Spannung erzeugt und auflösen will. Die C#-Moll Pentatonik hat keine Halbtöne und ist etwas berechenbarer, mit einem geraden rockigen Blues-Sound. Das Mischen unterschiedlich klingender Tonleitern ist eine großartige Möglichkeit, deine Licks und Soli frisch zu halten!

Beispiel 5r: E-Mixolydischer pentatonischer Legato-Lick mit Slide und Übergang zu einem absteigenden Pattern in C#-Moll-Pentatonik

Hier ist ein Lick, der mit Pedaltönen von E-Mixolydisch in einen C#-Moll-Pentatonik-Lauf übergeht. Er baut sich langsam auf, indem er zunächst E-Mixolydisch aufsteigt, und dann wechselt der Pedalton von einem E zu einem G#. Dann bringen wir ihn in Sechzehnteln mit den C#-Moll-Pentatonik-Licks nach Hause.

Beispiel 5s: E-Mixolydischer Pedalton-Lick im Mittelregister mit Slide zur C#-Moll-Pentatonik

Versuche, mit dem Timing des Licks zu experimentieren. Zu viele 16tel-Noten oder Triolen in Folge können nerven und vorhersehbar werden.

Beispiel 5t basiert auf einem sechssaitigen E7-Arpeggio, das Hammer-Ons und Slides verwendet, um es weniger roboterhaft klingen zu lassen. Es geht in die C#-Moll-Pentatonik über und hebt die „Blue Note" (b5-Note = G) auf der dritten Saite auf dem zwölften Bund hervor. Die Verwendung der Moll-Pentatonik ist hier eine gute Option, da sie einen fröhlich, aber bluesigen Sound erzeugt, der perfekt über mixolydische Sequenzen hinweg funktioniert.

Beispiel 5t: Sechssaitiger E7-Arpeggio-Lick mit Slide-Übergang in die C#-Moll-Pentatonik

Als nächstes versuche diese absteigende Legato-Version der E-Mixolydischen Tonleiter mit Drei-Noten-pro-Saite-Fingersatz. Ich habe ein paar Taps hinzugefügt, um im Verlauf des Licks ein Element der Überraschung einzuführen. Die Taps lassen die Legato-Rolls auf jeder Saite etwas länger erscheinen.

Beispiel 5u: E-Mixolydischer Legato-Lick mit Drei-Noten-pro-Saite sowie Taps und Slides.

Der nächste Lick verwendet die offene erste Saite, um einen dröhnenden E-Pedalton zu erzeugen. Solche Möglichkeiten sind nicht in jeder Tonleiter vorhanden, so muss man die Chance nutzen, wenn sie sich bietet.

Beispiel 5v: Aufsteigender mixolydischer Pedalton-Lick auf der offenen E-Saite

Der letzte Lick verwendet mehrere Positionen der A-Dur-Tonleiter, die die gleichen Noten wie E-Mixolydisch haben. Der Lick führt recht unbemerkt Fragmente von G#-Lokrisch, A-Ionisch und B-Dorisch in einem Drei-Noten-pro-Saite-Fingersatz ein. Ich begann mit einer G#-Note, weil ich die dritte Stufe von E-Mixolydisch hervorheben wollte. Der lokrische Modus entsprach zufällig dieser speziellen Note und Tonart. Dieser Lick verwendet einen relativ einfachen Legato-Ansatz, beinhaltet aber auch einige Slides, um raffinierte Positionsverschiebungen zu erzeugen.

Beispiel 5w: G#-Lokrisch Drei-Noten-pro-Saite Legato-Lick mit Slide

Suche dir einige mixolydische Jam-Tracks und jamme dazu, bis du das Faust-emporstreckende, Glam-Rock-, keltische Tier freilässt, von dem du nie wusstest, dass es in dir existiert!

Kapitel 6: Erstaunliches Äolisch

Der äolische Modus ist der sechste unserer sieben diatonischen Modi und ist besser bekannt als die Natürliche Moll-Tonleiter. Der äolische ist der am häufigsten verwendete aller Moll-Modi und kann in 99 % aller jemals geschriebenen traurigen Songs gehört werden.

Der äolische ist der offensichtlich traurigste und am meisten Moll klingende der Modi. Die meisten Balladen und Liebeslieder mit gebrochenem Herzen verwenden den äolischen Modus, um Melodien und Akkordfolgen zu kreieren, die an unseren innersten Gefühlen zerren.

Die einzige Ausnahme der Regel *äolischer Modus = trauriger Song* ist die Verwendung des ionischen Modus im Klassiker *On Top of Spaghetti* – eine unvergessliche Ballade über das Weinen und die Trauer eines Mannes, der erst kürzlich seinen armen Fleischkloß verloren hat.

Die Äolische wird oft als Mollparallele (relative Minor) bezeichnet. Die langweilige Theorieregel ist, dass der Aufbau einer Tonleiter auf der sechsten Stufe einer beliebigen Dur-Tonleiter die Mollparallele bildet. Diese sogenannte „traurige Mutter" stellt das Gegenstück zum „glücklicher Vater", der Dur-Tonleiter, dar.

Um die Mollparallele jeder Dur-Tonleiter zu finden, musst du nur sechs Noten vom Grundton der Dur-Tonleiter aus aufwärts zählen und von dort aus eine neue Tonleiter beginnen. Zum Beispiel ist die Mollparallele von G-Dur E-Moll und von D-Dur B-Moll, usw.

Denke daran, dass Modi genau die gleichen Noten enthalten wie ihre übergeordnete Tonleiter, so dass A-Äolisch genau die gleichen Noten enthält wie die C-Dur-Tonleiter, aber mit der Note A beginnt und endet. Beginnend mit der sechsten Note der Dur-Tonleiter entsteht ein neue Tonfolge, die sich stark von dem Pattern der Noten der Dur-Tonleiter unterscheidet.

Sieh dir das Pattern der Ganz- und Halbtöne unten an und vergleiche die Formeln von Äolisch und Ionisch:

Äolisch: G Ht G G Ht G G (Formel 1 2 b3 4 5 b6 b7)

A-Äolisch = A B C D E F G

Ionisch: G G Ht G G G Ht (Formel 1 2 3 4 5 6 7)

C-Ionisch = C D E F G A B

Auf Grund der kleinen Terz (b3) ist sofort ersichtlich, dass der äolische Modus ein Moll-Modus ist.

Wenn ich an den äolischen Modus denke, sehe ich eine tiefe Quelle der Traurigkeit. Ich denke an jeden langsamen, emotionalen Song, den Tori Amos und Evanescence je geschrieben haben. Ich denke an ein Emo-Kindergedicht, das auf der Rückseite eines Schwarz-Weiß-Fotos einer Trauerweide geschrieben ist!

Die skurrilste Situation, die mir einfällt, wenn ich an Äolisch denke, ist die hypothetische Situation, in der ich Brot in meinen Toaster lege und erkenne, dass ich keine Margarine im Haus habe! Infolgedessen habe ich eine sehr schwierige Entscheidung zu treffen ...

1. Iss den Toast trocken.

2. Verfüttere ihn an die Straßentauben (die ihn höchstwahrscheinlich sowieso mit Gewalt an sich nehmen würden).

So oder so, ich bin überwältigt von einer tiefen Welle der Traurigkeit, Verlust und Enttäuschung. Ich spüre, wie meine Augen feucht werden und höre das Geräusch von Geigen in der Ferne. Ich laufe durch den Park in der Nähe meines Elternhauses, wo mir die Tränen über das Gesicht strömen und denke: „Warum ist mir das passiert?!"

Ich laufe, bis mir die Luft ausgeht und breche bei einem kleinen Spielplatz zusammen. Ich bin allein neben einer knarrenden Kinderschaukel, die seit Jahren nicht mehr benutzt wurde. Es gab eine Zeit, in der man in diesen Park kam und hier jeden Tag lachende Kinder beim Spielen sah. Jetzt ist dieser einst glückliche Ort voller Vogelkot und obszöner Graffiti. Der graue Himmel grollt und innerhalb weniger Augenblicke bin ich vom Regen durchnässt, Schlamm umhüllt meine Füße. Es ist so, als ob Zeus selbst es auf sich genommen hätte, mich zu bestrafen. Ich kann ihn fast hören, wie er vom höchsten Gipfel des Olymps brüllt:

„Niemand mag dich!"

In diesem Moment bin ich völlig versunken in die emotionale Kraft des äolischen Modus. Ich denke, du verstehst ...

Teil 1: Den äolischen Klang finden

In diesem Kapitel verwenden wir für unsere Beispiele die E-Äolische Tonleiter (auch bekannt als die natürliche E-Moll-Tonleiter). Die Noten in E-Äolisch sind E F# G A B C D

Spielen wir die E-Äolische Tonleiter in einer Oktave.

Beispiel 6a:

Tonleiterintervalle: G Ht G G Ht G G

Tonleiterformel: 1 2 b3 4 5 b6 b7

Äolisch wird dir wahrscheinlich vertraut vorkommen, da es der am häufigsten verwendete der Moll-Modi (Modi, die eine kleine Terz (b3) enthalten) ist. Die kleine Terz (b3), die kleine Sexte (b6) und die verminderte Septime (b7) sind die Noten, die die Traurigkeit dieses Modus ausmachen. Wenn du das Radio einschaltest und einen traurigen Song hörst, liegt das wahrscheinlich daran, dass die äolische oder natürliche Moll-Tonleiter verwendet wurde, um die Akkordfolge und eine Reihe von traurigen Melodien zu schreiben.

Wie du in früheren Kapiteln gesehen hast, verwenden wir die „gewöhnlich" klingenden Formeln des ionischen und äolischen Modus als Bezugspunkt, wenn wir mehr großartige und interessante Modi lernen. Wenn du untersuchst, wie andere Moll-Modi – wie z.B. der dorische und der phrygische – im Vergleich zum äolischen aufgebaut sind, kannst du die Nuancen und Merkmale identifizieren, die sie von anderen unterscheiden.

Als wir im ersten Kapitel den ionischen Modus durchgenommen haben, war es klar, dass es sich nur um die gängige, bekannte Dur-Tonleiter handelte. Während du nun die äolische Tonleiter spielst, sagst du vielleicht: „Hey, warte mal! Das ist doch die natürliche Moll-Tonleiter? Warum hat sie, wie die ionische, einen so seltsamen, erfundenen Namen?"

Es ist wichtig hervorzuheben, dass wir den äolischen Modus verwenden, da der Begriff „Moll-Tonleiter" mehrdeutig ist und sich auf mehrere Tonleitern beziehen kann (Dorisch und Phrygisch sind Moll-Tonleitern, ebenso wie die melodische, harmonische und ungarische Moll-Tonleiter). Genau zu sein ist unglaublich wichtig.

Die herausragenden Eigenschaften des äolischen Modus sind seine große Sekunde (2.) und kleine Sexte (b6) – im Falle von E-Äolisch, F# und C jeweils. Die Kombination dieser beiden Intervalle ist es, die den äolischen vom dorischen und phrygischen Modus unterscheidet.

Diese charakteristischen Noten und ihre Funktionen können wir deutlicher hören in der einfachen Akkordfolge im folgenden Diagramm. Spiele diese Akkordfolge durch und spiele dann die aufsteigenden und absteigenden Variationen der äolischen Tonleiter innerhalb einer Oktave.

Beispiel 6b: E-Äolische Akkordfolge mit auf- und absteigender Tonleiter

Wir können die große Sekunde (2., F#) Note im VII-Akkord (D-Dur), und die kleine Sexte (b6, C) Note im bVI-Akkord (C-Dur) hören. Der Gesamtklang der Akkorde und der Tonleiter ergibt den charakteristischen düsteren Klang, der den äolischen Modus zum ersten Anlaufpunkt für Kompositionen von Songs über Trennungen, Verluste und vor allem Trauer macht. Er wird häufig in Film- und Fernsehproduktionen verwendet, um Momente der Traurigkeit und des Traumas zu betonen.

Wenn du dein Wissen über Theorie und Tonleitern weiter ausbaust und selbstbewusster in der Beherrschung des Griffbretts wirst, ist es wichtig, dich daran zu erinnern, dass es nichts gibt, was mit dem Klang und Gefühl dieses Modus vergleichbar ist. Hier sind einige äolische Lieder zum Anhören. Suche wie bisher nach anderen Songs und füge sie der Liste hinzu.

- Save Tonight – Eagle Eye Cherry

- Nothing Else Matters – Metallica

- Polly – Nirvana

- Kryptonite – 3 Doors Down

- Zombie – The Cranberries

Teil 2: Die diatonischen Akkorde des äolischen Modus

In jedem Kapitel dieses Buches habe ich die Bedeutung der Kenntnis der diatonischen Akkorde einer Tonart oder eines Modus betont. Dieses Wissen wird dir helfen, die Farben und Emotionen zu bestimmen, die du hervorheben möchtest. Im äolischen Modus ist der wichtigste Akkord der i-Akkord – ein Moll-Akkord – der auch der vi-Akkord in ionischen Sequenzen ist. Er schafft die Voraussetzungen für traurige Dinge und funktioniert besonders gut, wenn er mit dem bVI- oder iv-Akkord kombiniert wird. Das Zusammenspiel dieser drei Akkorde ist entscheidend, um den charakteristischen melancholischen Klang von Äolisch zu vermitteln.

Betrachten wir die diatonischen Akkorde des äolischen Modus im Vergleich zum Ionischen:

Diatonische Akkorde im Ionischen:

Dur	Moll	Moll	Dur	Dur	Moll	m i n 7 b 5 (oder halb-vermindert)
I	ii	iii	IV	V	vi	vii

Diatonische Akkorde im Äolischen:

Moll	min7b5	Dur	Moll	Moll	Dur	Dur
i	ii	bIII	iv	v	bVI	bVII

Nun können wir die Noten der E-Äolischen Tonleiter (E F# G A B C D) nehmen und daraus die folgenden Akkorde bilden.

Beispiel 6c:

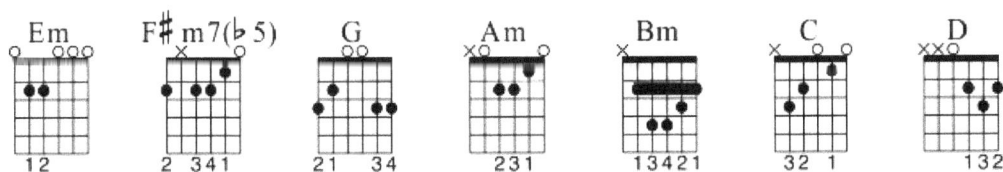

i   Em   F#ii m7(♭5)   bIII G   iv Am   v Bm   bVI C   bVII D

(Notenbeispiel mit Akkorden: Em — F#m7(♭5) — G — Am — Bm — C — D, mit TAB)

Wie im ionischen Modus, sind die Eigenschaften des äolischen nicht so ausgeprägt wie bei einigen anderen Modi. Aber wir können den äolischen Klang hervorheben und ihn von anderen Modi unterscheidbar machen, indem wir Akkorde verwenden, die die kleine Sexte (b6) enthalten. Im äolischen Modus ist dieses Intervall hilfloser und düsterer klingend als die große Sexte (6.) des dorischen Modus. Die große Sekunde (2.) des äolischen Modus ist ebenfalls subtiler und weniger rau als die kleine Sekunde (b2) im phrygischen Modus.

Wenn wir eine Akkordfolge mit dem Tonika-Akkord (Em) beginnen, könnten wir ihm den bVI-Akkord (C-Dur) folgen lassen, da er offensichtlich eine C-Note (die kleine Sexte (b6)) enthält. Wir könnten auch die v- oder ii-Akkorde verwenden, da beide ein F# (die äolische Dur-Sekunde) enthalten.

C-Dur (bVI-Akkord) = C E G

B-Moll (V-Akkord) = B D F#

F#m7b5 (ii Akkord) = F# A C E

Versuche, ein paar Akkordfolgen mit diesen Akkorden zu schreiben und versuche, mit einem E-Moll-Akkord zu beginnen und zu enden, um ein Gefühl für die äolische Akkordfolge zu bekommen. Hier sind ein paar schnelle Ideen.

Beispiel 6d – Sequenz 1:

(Notenbeispiel mit Akkorden: Em — C — G — D, mit TAB)

Beispiel 6e – Sequenz 2:

Teil 3: Das Solospiel im äolischen Modus mit Tonleitern und Arpeggios

Ich habe das jetzt schon fünfmal erwähnt! Stellen wir eine Solo-Checkliste für Äolisch zusammen und stellen uns die drei großen Fragen:

1. Was ist der Drei-Noten-pro-Saite-Fingersatz für diesen Modus vom Grundton aus?

2. Welche Art von Pentatonik kann ich verwenden, z. B. normale, erweiterte oder Mollparallele?

3. Welche Arten von Arpeggios unterstreichen den Geschmack des Modus?

Hier ist die diatonische äolische Tonleiter mit einem sechs Saiten umfassendem Drei-Noten-pro-Saite-Fingersatz.

Beispiel 6f:

Dies ist eine großartige Möglichkeit, den Modus über das gesamte Griffbrett hinweg zu hören und ein hervorragendes Werkzeug für Improvisation und Komposition.

Pentatonik

Als nächstes möchte ich über die getreue Pentatonik sprechen, die eine gute Freundin der äolischen Tonleiter ist. Werfen wir einen Blick auf die E-Moll-Pentatonik, die aus dem 1., 3., 4., 5. und 7. Intervall der äolischen Tonleiter (E G A B D) besteht.

Beispiel 6g:

Dies ist eine coole Tonleiter, aber oft überstrapaziert, so dass sie amateurhaft klingen kann. Bei sparsamer Anwendung und Attitüde kann die Pentatonik jedoch brutal, ja sogar erotisch klingen! Wir können der Pentatonik weiteren *Glanz* verleihen, indem wir eine Blue-Note hinzufügen – die verminderte Quinte (b5) der äolischen Tonleiter – die in diesem Fall das Bb ist.

Beispiel 6h:

Bei wohl durchdachter Verwendung kann diese subtile tonleiterfremde Note die Attitüde und sonderbare Spannung einer ansonsten einfachen Tonleiter verstärken.

Arpeggios

Reden wir über Arpeggios. Wir können ein einfaches E-Moll-Dreiklang-Arpeggio verwenden, das aus der 1., 3. und 5. der äolischen Tonleiter besteht, aber das kann langweilig und routinemäßig klingen. Wir können die Dinge mit einem Em7-Arpeggio (E G B D) klanglich bunter gestalten. Hier sind Em und Em7 Arpeggios nebeneinander.

Beispiel 6i:

Hier ist eine alternative Möglichkeit, diese Arpeggios zu spielen, mit den gleichen Noten, aber mit einem anderen Pattern.

Beispiel 6j:

Die nachfolgenden Arpeggios sind sechssaitige Formen, die drei Oktaven umfassen. Dies ist eine spaßige Möglichkeit, das gesamte Griffbrett diagonal abzudecken und eine ausgezeichnete Möglichkeit, ausgefallene Intervalle und Positionsverschiebungen in der Improvisation zu erzeugen.

Beispiel 6k:

Wechselnde Patterns des „gleichen" Arpeggios mögen unnötig erscheinen, aber die Tatsache, in einem anderen Bereich des Griffbretts zu spielen, führt oft zu unterschiedlichen Soloideen. Es ist wichtig, mehrere verschiedene Möglichkeiten zu kennen, um ähnliche Gruppen von Noten zu spielen. Mehr Optionen bedeuten weniger Einschränkungen und erschließen das Griffbrett umfänglich. Dies wiederum gibt dir grenzenlose Freiheit, die letztendlich zu mehr Kreativität führt.

Teil 4: Äolische Licks, die dir helfen, kreativ zu werden

Betrachten wir nun, wie diese Ideen in einem ausdrucksstarken, musikalischen Kontext zusammenkommen können.

Beispiel 6l verwendet die grundlegende E-Moll-Pentatonik mit einem klassischen Chuck Berry-Einstieg. Die Verwendung von Bends, Legato und Slides lässt jeden gewöhnlichen Blues-Lick sofort ausdrucksstärker klingen.

Beachte, dass dieser Lick auch eine Bb-Note (auch bekannt als die verminderte Quinte (b5) oder Teufelstritonus) enthält. Dies ist die berühmte „Blue"-Note, die einen Moment der sexy Blues-Spannung erzeugt. Sie liegt natürlich außerhalb der Tonart, so dass sie abrupt und entsetzlich klingt, wenn man sie zu lange hält. Ich neige dazu, tonleiterfremde Noten mit Slides und schnellem Legato zu spielen, um eine langanhaltende klangliche Dissonanz zu vermeiden.

Beispiel 6l: E-Moll Chuck Berry Lick mit b5-Pull-Off-Roll

Diese nächste Idee verwendet einen gängigen Drei-Noten-pro-Saite E-Äolischen Fingersatz, dem ich ein paar Legato-Noten und Bends hinzugefügt habe, um die Monotonie eines aufsteigenden diatonischen Tonleiterlaufs zu vermeiden.

Was du sofort bei diesem Lick bemerken wirst, ist die große Verschiebung der Bend-Position im zweiten Takt. Ich habe gesehen, wie Guthrie Govan solche Bends ausgeführt hat, um schnell in eine neue Position auf dem Griffbrett zu springen. Wenn du versuchst, deine eigenen Licks wie diesen zu erstellen, kannst du entweder in deine ursprüngliche Position zurückkehren, wie ich es getan habe, oder von der neuen Position aus spielen, die durch deinen zweiten Bend festgelegt wurde. Da gibt es keine Grenzen! Du kannst sogar einen dritten Bend hinzufügen, sofern der in der richtigen Tonart ist!

Beispiel 6m: E-Äolischer Drei-Noten-pro-Saite-Lick mit Hammer-Ons und positionsverschobenen Bends

Der nächste Lick kombiniert E-Moll-Pentatonik mit einigen Noten der E-äolischen diatonischen Tonleiter. Du wirst bemerkt haben, dass die Mischung von pentatonischen und diatonischen Tonleitern ein Konzept ist, das ich häufig verwende. Ich mag es, dass man schnell von rockigen, bluesigen Sounds zu einem emotionaleren diatonischen Sound wechseln kann. Im folgenden Beispiel wird dies einfach durch die Einführung der Sekunde und der kleinen Sexte (b6) der äolischen Tonleiter erreicht, um die emotionalen Halbtonintervalle zu erzeugen, die die Pentatonik nicht kann.

Beispiel 6n: Aufsteigender Pentatonischer E-Moll Legato-Lick mit absteigendem äolischen, diatonischen Lauf

Ich verwende oft Legato und Triolen, um zu vermeiden, dass ein Lick nur aus 16tel-Noten besteht. Du kannst dieses Konzept auch in anderen modalen Kontexten verwenden – stelle einfach sicher, dass die Noten, die du aus der diatonischen Tonleiter nimmst, diejenigen sind, die den Klang des Modus ausdrücken (z. B. Die b2 des phrygischen oder die große Sexte (6.) des dorischen).

Dieser nächste Lick kombiniert ein einfaches aufsteigendes E-Moll-Dreiklang-Arpeggio mit einem äolischen diatonisch absteigenden Lauf. Ich habe gehört, dass Alexi Laiho und Alex Skolnick dieses Konzept in einigen wenigen Soli sehr gut anwenden. Es fügt einen schönen Übergang zu einer absteigenden Shred-Passage hinzu. Das Arpeggio kann je nach Präferenz mit Alternate Picking oder Sweep Picking gespielt werden. Diese Art von Lick könnte auch mit Dur-, verminderten oder sogar übermäßigen Arpeggios nachbearbeitet werden. Achte beim Spielen des diatonisch absteigenden Teils des Licks einfach auf die Tonart.

Beispiel 6o: E-Moll fünfsaitiges Arpeggio mit triolischem, äolischem diatonischen Abstieg

Vor ein paar Jahren hörte ich eine progressive Metalband namens Scar Symmetry und war sofort von Per Nilssons Spiel begeistert. Es gab ein tolles Arpeggio in einem ihrer Songs, das mich umgehauen hat. Ich benutze es seitdem beim Improvisieren, nicht nur im Metal, sondern auch im Jazz und Blues Kontext. Beispiel 6p kombiniert Pers Signatur, die verminderte Undezime-Arpeggio-Form, mit einigen frechen Jazz-Chromatiken und Vorschlagsnoten.

Beispiel 6p: Em11 Lick mit Slides und chromatischen Noten

Das ist die Art von Lick, die großartig klingt, egal ob schnell oder langsam gespielt. Das Arpeggio hat viele melodische Klangfarben, da es das 1., 3., 5., 7., 9. und 11. Intervall des Em11-Akkords abdeckt. Die chromatischen Noten verleihen der Phrase einen eigenwilligen, tonleiterfremden Klang, und der Slide vom F zum F# verleiht ihr einen sanften, jazzigen Sound.

Wenn du dich von nichtssagenden Arpeggio-Dreiklängen gelangweilt fühlst, ist das Hinzufügen der 7. oder 9. eine tolle Abwechslung. Sei jedoch sparsam mit dem Einsatz von chromatischen Tönen in deinem Spiel, da dieser Trick leicht überstrapaziert werden kann und dein Spiel am Ende zu sehr nach *Hummelflug* klingen kann.

Beispiel 6q ist eine weitere Pedalton-Idee, die B als Pedalton und die Noten von E-Äolisch verwendet. Sie leitet in eine E-Moll-Pentatonik über.

Beispiel 6q: E-Äolischer Pedalton-Lick

Je nachdem, welche Akkorde du spielst, können sich die Noten, die du gegen deinen Pedalton spielst entsprechend der Akkordfolge ändern. Du kannst auch die Lage des pentatonischen Teils des Licks variieren, wenn ein Akkordwechsel dich zu einem anderen Teil des Griffbretts führt. Je mehr du mit diesem Lick experimentierst, desto mehr wirst du entdecken, wie du ihn anwenden kannst. Es gibt keine anderen Regeln, als in der Tonart zu bleiben und einen Sound zu finden, der dir gefällt.

Das nächste Beispiel verwendet wieder die E-Moll-Pentatonik und steigt mit Legato- und Fünfnoten-Gruppierungen auf. Es hat eine slidende Note, die in ein absteigendes Em7-Arpeggio über drei Saiten übergeht.

Beispiel 6r: E-Moll-Pentatonik in Quinten in der dritten Position mit Em7-Arpeggio über drei Saiten

Die Mischung von Pentatonik und Moll-Arpeggios ist eine interessante Möglichkeit, bluesige und jazzige Sounds zusammenzubringen. Der Grund, warum sie so gut zusammenpassen, ist, dass die pentatonische Tonleiter die Intervalle 1, 3, 4, 5 und 7 der Moll-Tonleiter verwendet. Das Em7-Arpeggio verwendet die gleichen Noten, außer der Quarte (4). Es besteht zwischen der E-Moll-Pentatonik und dem Em7-Arpeggio nur der Unterschied einer Note. Dennoch hat jede der beiden Tonleitern ihre eigene unterschiedliche Stimmung und ihren eigenen Klang.

Beispiel 6s verwendet zwei verschiedene E-Moll-Pentatonik-Positionen für angeschlagene und getappte Noten. Es steigt in schnellen Triolen ab und steigt dann in Sechzehntel diatonisch auf. Es endet mit einem tonleiterfremden Bend von D# nach E.

Du wirst bemerken, dass ich ziemlich besessen von tonleiterfremden Bends bin und ich liebe es, Licks mit ihnen zu beenden. Gitarristen wie Marty Friedman, Nick Johnston und Guthrie Govan nutzen diese Technik häufig. Es ist eine Art, technisch anspruchsvolle Phrasen zu spielen und gleichzeitig ein Element der Spannung und Emotion hinzuzufügen.

Beispiel 6s: E-Moll-Pentatonik mit Taps und slidenden Positionsverschiebungen

Der nächste Lick verwendet ein ziemlich einfaches E-Moll-Dreiklang-Arpeggio über fünf Saiten. Es ändert aber die Notenreihenfolge, um ein interessanteres Pattern zu erzeugen. Dies ist ein schneller Weg, um das Arpeggio eher wie eine Phrase als ein lineares „Lehrbuch"-Arpeggio klingen zu lassen.

Du wirst auch bemerken, dass ich einige Legatos und Slides hinzugefügt habe, nur um Positionsverschiebungen zu erzwingen. Oftmals ist es eine großartige „Storytelling"-Technik, eine Passage von Noten auf nur einer Saite mit Slides zu spielen, um dein Lead-Spiel zu erweitern. Es gibt eine kleine Lead-Linie in dem Iron Maiden-Epos *Fear of the Dark*, die kurz vor den Hauptsoli kommt und die die Kunst des Geschichtenerzählens auf der Gitarre perfekt veranschaulicht.

Beispiel 6t: E-Moll Arpeggio-Lick mit Intervall-Skip und Slides

Der letzte Lick in diesem Kapitel ist ein Saiten-Skip-Lick in G-Ionisch. Da wir mit der gleichen Tonart wie E-Äolisch arbeiten, verspreche ich, dass es gebrauchssicher ist! Der Lick wechselt zwischen 8tel- und 16tel-Triolen, um Geschwindigkeit und Überraschungseffekt zu erhöhen. Die Verwendung von Saiten-Skips schafft interessantere Intervalle und kann manchmal ein wenig wie ein Arpeggio klingen.

Beispiel 6u: Legato-Lick in G-Ionisch mit Saiten-Skips

Alles, was du in E-Äolisch gelernt hast, kann auf andere äolische (natürliche Moll-) Tonarten moduliert werden. Wie immer, besorge dir ein paar Backing-Tracks, um dazu zu jammen, und denk daran, dass Äolisch der traurigste Modus von allen ist. Halte eine Packung Taschentücher bereit, falls deine Emotionen außer Kontrolle geraten!

Kapitel 7: Trügerisches Lokrisch

Das letzte Kapitel unserer modalen Reise ist ein beängstigendes und schwer fassbares Kapitel. Wir beenden unser Abenteuer, indem wir in einen dunklen, geheimnisvollen, trüben Wald eintauchen. Es ist ein Wald voller böser Geister und Kobolde (ich hätte dich wahrscheinlich davor warnen sollen). Es gibt einen Eiswagen, der nur Süßholz- und Orangenaromen verkauft und eine iPod-Wiedergabeliste hat, die ausschließlich aus Black Sabbath, Diamond Head und Slayer besteht, die in einer Endlosschleife über den Lautsprecher läuft. Jetzt bist du ganz in die rätselhafte und spannungsgeladene Welt des lokrischen Modus eingetaucht.

Viele Jahre lang war ich eingeschüchtert und lehnte diesen beängstigenden, schwer fassbaren Modus ab. Bei vielen Gelegenheiten sagte ich zu meinen Schülern: „Mach dir keine Gedanken über den lokrischen, er ist schrecklich. Es ist fast UNMÖGLICH, ihn gut klingen zu lassen." Bis vor kurzem hätte ich zu diesen Worten gestanden, aber jetzt, als älterer, weiser Mann von einunddreißig Jahren, bin ich hier, um dir zu sagen, dass der lokrische Modus ein superinteressanter Modus mit Spannung, Anziehungskraft und Subtilität ist.

Was mich am lokrischen am meisten fasziniert, ist sein so ergreifend böser Klang. So böse, dass er das Potenzial hat, Dämonen schneller zu beschwören als ein gewöhnliches Hexenbrett im Haushalt (ja, wir alle haben eines auf dem Dachboden). Er hat aber auch einen angespannten, jazzigen Fusionssound, der ihn zu dem gut gehüteten Geheimnis macht, von dem die meisten Musiker nichts wissen.

Der lokrische Modus ist natürlich der letzte unserer sieben diatonischen Modi. Diese sieben Modi sind: Ionisch, Dorisch, Phrygisch, Lydisch, Mixolydisch, Äolisch und Lokrisch – der böseste aller Modi.

Teil 1: Den lokrischen Klang finden

In diesem Kapitel werden wir für alle unsere Beispiele A-Lokrisch verwenden. Betrachten wir die A-Lokrische Tonleiter innerhalb einer Oktave.

Beispiel 7a:

Lokrisch erzeugt eine dunkle und gefährliche Atmosphäre und sollte natürlich als isolierter Klang gelernt werden. Aber auch hier ist es sinnvoll, andere Perspektiven im Hinterkopf zu haben.

Lokrisch ist ...

1. Der siebte Modus der Dur-Tonleiter.

2. Eine äolische (natürliche Moll-) Tonleiter mit einer kleinen Sekunde (b2) und verminderten Quinte (b5).

Werfen wir einen Blick auf A-Äolisch und A-Lokrisch nebeneinander:

A-Äolisch = A B C D E F G A

A Locrian = A Bb C D Eb F G A

Beispiel 7b:

Äolische Tonleiterformel = 1 2 b3 4 5 b6 b7

Lokrische Tonleiterformel = 1 b2 b3 4 b5 b6 b7

Wenn man sie nebeneinander betrachtet, sieht man, dass es im lokrischen Modus zwei Noten gibt, die wie ein Gangsta-Rapper in einem Kilt-Shop auffallen. Es sind die kleine Sekunde (b2, Bb) und die verminderte Quinte (b5, Eb), die den lokrischen Sound unangenehmer und krasser klingen lassen als den harmlosen äolische Modus.

Es ist wichtig, dass wir diese beiden wichtigen Noten hervorheben, um den vollen Klang des lokrischen herauszubringen.

Die rauen Intervalle b2 und b5 sind in der folgenden Akkordfolge zu hören. Spiele die Akkorde und die auf- und absteigenden lokrischen Tonleitervariationen direkt danach durch, um die beunruhigende, raue Stimmung dieser Tonleiter in einem melodischen und musikalischen Kontext zu hören.

Beispiel 7c: Eine lokrische Akkordfolge mit auf- und absteigender Tonleiter

Die charakteristische b2, das Bb ist im Bb-Dur-Akkord vorhanden, was sehr ähnlich dem rauen Klang der b2 ist, den wir zuvor im phrygischen Modus gehört haben. Dies trifft besonders zu, wenn man den Klang im

Zusammenspiel mit den Akkorden hört. Die andere charakteristische lokrische Note ist die b5, die Es-Note, die im Akkord Am7b5, C-Moll und B-Dur zu hören ist. Sie hat einen spannungsreichen, teuflischen Sound, den wir in den bösesten Heavy Metal Songs oft hören.

Wie ich bereits in den vorangegangenen Kapiteln erwähnt habe, werden Tonleitertheorie und Intervallwissen dich nur bis hierher führen. Um den lokrischen Modus weiter zu verstehen, sind hier einige wenige lokrische Songs, die du ausprobieren kannst:

- Painkiller – Judas Priest

- Juicebox – The Strokes

- Blackened – Metallica

- Raining Blood (chorus section 1:39) – Slayer

Teil 2: Die diatonischen Akkorde des lokrischen Modus

In diesem Buch habe ich wiederholt über die Bedeutung der Kenntnis der diatonischen Akkorde innerhalb einer Tonart oder eines Modus diskutiert. Es tut mir leid, dass ich mich wie eine kaputte Schallplatte anhöre. Glaub mir, ich verstehe es! Persönlich macht mich nichts wütender, als eine Geschichte meines Vaters anhören zu müssen, die er mir erst vor drei Tagen erzählt hat (obwohl er denkt, dass es das erste Mal ist). Mehr noch! Man muss so tun, als wäre es genauso lustig wie beim ersten Mal (man atmet schwer in die Papiertüte). Tut mir leid, ich musste das seelisch verarbeiten. Ich bekomme immer noch von Zeit zu Zeit Alpträume von all dem gefälschten und erzwungenen Lächeln.

Das Verständnis der diatonischen Akkorde und ihrer Funktion hilft dir jedoch zu bestimmen, wie du den einzigartigen Klang jedes Modus hervorheben kannst. Die Beziehung zwischen dem i-Akkord und dem bII-Akkord erzeugt die charakteristische Halbtonspannung des lokrischen Modus, während der i- und bV-Akkord die Tritonusspannung erzeugt. Wenn diese spannungsgeladenen Akkordbeziehungen in einer Akkordfolge verwendet werden, sticht der charakteristische lokrische Sound hervor. Betrachten wir die lokrischen diatonischen Akkorde im Vergleich zum ionischen Modus.

Diatonische Akkorde ab Akkord 1 (Ionisch)

Dur	Moll	Moll	Dur	Dur	Moll	min 7 b 5 (oder halb-vermindert)
I	ii	iii	IV	V	vi	vii

Diatonische Akkorde ab Akkord 7 (Lokrisch)

min7b5	Dur	Moll	Moll	Dur	Dur	Moll
i	bII	biii	iv	bV	bVI	bvii

Lokrisch ist der 7. Modus von B-Dur, da beide Tonleitern die gleiche Anzahl an Erniedrigungen (bs) haben. Das bedeutet, dass wir die diatonischen Akkorde von Bb-Ionisch ausgehend vom vii-Akkord einfach neu ordnen können, um uns die A-Lokrische Akkordstruktur zu erhalten.

Beispiel 7d:

Am7(♭5) B♭ Cm Dm E♭ F Gm

i bII biii iv bV bIV bvii
Am7(♭5) B♭ Cm Dm E♭ F Gm

mf

Um den einzigartigen lokrischen Klang in einer Akkordfolge hervorzuheben, wollen wir uns auf die b2- und b5-Noten des Modus konzentrieren. Die Kombination aus dem i- und bII-Akkord gibt uns den Klang, der uns aus dem Film *Der Weiße Hai bekannt ist* (ähnlich dem phrygischen). Die Einführung des bV-Akkords gibt uns die Tritonus Spannung, die auch im lydischen Modus zu finden ist. Die bII- und bV-Akkorde haben die Grundtöne Bb und Eb – beide lokrische Charaktertöne.

Bb-Dur (bII-Akkord) = Bb D F

Eb-Dur (bV-Akkord) = Eb G Bb

Versuche, ein paar Akkordfolgen mit den lokrischen Akkorden zu schreiben, vorzugsweise mit dem Am7b5-Akkord beginnend und endend. Hier sind für den Anfang zwei Ideen:

Beispiel 7e – Sequenz 1:

Am7(♭5) B♭ Am7(♭5) Gm

mf

Beispiel 7f – Sequenz 2:

Teil 3: Das Solospiel im lokrischen Modus mit Tonleitern und Arpeggios

Wenn ich modal Solo spiele, fühle ich mich sicherer, wenn ich eine große Auswahl an Optionen habe. Im Falle des lokrischen werden wir es auf die gleiche Weise angehen wie die vorherigen Modi, mit den drei großen Fragen:

1. Was ist der Drei-Noten-pro-Saite-Fingersatz für diesen Modus vom Grundton aus?

2. Welche Art von Pentatonik kann ich verwenden, z. B. normale, erweiterte oder Mollparallele?

3. Welche Art von Arpeggios unterstreichen den Klang des Modus?

Bedenke beim lokrischen Modus, dass die kleine Sekunde (b2) und verminderte Quinte (b5) etwas problematische Intervalle sind. Mit anderen Worten, du wirst einige seltsame Tonleiternformen sehen, die du vielleicht noch nie zuvor gesehen hast!

Betrachten wir die A-Lokrische Tonleiter mit einem Drei-Noten-pro-Saite-Fingersatz. Dies ist die schnellste und effektivste Art, den lokrischen Modus zu hören, der mehr als zwei Oktaven umfasst. Er ist auch super einfach in einem Shred- oder Legato-Kontext zu verwenden!

Beispiel 7g:

Pentatonik

Die nächste Tonleiter, die wir uns ansehen werden, ist eine Pentatonik, die speziell für den lästigen lokrischen Modus entwickelt wurde. Ich nenne ihn „lästig", weil der lokrische Modus keine reine Quinte (5.) hat.

Die Tonleiterformel für eine normale Moll-Pentatonik lautet 1, b3, 4, 5 und b7, aber das funktioniert beim lokrischen nicht. Wenn wir pentatonische Ideen für den lokrischen verwenden wollen, müssen wir die 1 b3, 4, b5 und b7 verwenden, damit Akkorde und Töne harmonieren. Die „maßgeschneiderten pentatonischen" Noten von Lokrisch sind daher A, C, D, Eb und G.

Werfen wir einen Blick auf die A-Moll-Pentatonik (1 b3 4 5 b7) und eine A-Lokrische Pentatonik (1 b3 4 b5 b7) nebeneinander:

Beispiel 7h:

Betrachten wir nun diese Tonleitern in mehreren Positionen auf dem Griffbrett. In der Tat spielen wir alle übrigen A-Moll-Pentatonik-Fingersätze und erniedrigen die Quinte (5.) (E auf Eb).

Beispiel 7i:

Arpeggios

Abschließend lass uns einen Blick auf unsere Arpeggio-Solooptionen werfen. Aufgrund der Tatsache, dass der lokrische Modus so stark im minor7b5-Akkord verwurzelt ist, werden wir uns mehrere sexy Möglichkeiten ansehen, dieses Arpeggio mit A-Lokrisch zu spielen.

Das erste Arpeggio, das wir uns ansehen werden, sind zwei Varianten eines fünfsaitigen Am7b5-Arpeggios (A C Eb G). Wenn du möchtest, kannst du Hammer-Ons auf jeder Saite mit zwei Noten hinzufügen.

Beispiel 7j:

Du wirst feststellen, dass auf der ersten Am7b5 Arpeggio-Form die Reihenfolge der Noten zu G A C und Eb geändert wurde. Im Grunde beginnen wir das Arpeggio von der Septime anstelle des Grundtons.

Ich verwende diesen Ansatz der „führenden Septime" auch beim Spielen von Dur-, Moll- und Dominant-Arpeggios. Mit der Septime beginnen und dann bald danach den Grundton spielen, schafft einen schönen Moment der Spannung. Es ist keine Regel – nur etwas, das mir gefällt. Du wirst vielleicht auch diesen Ansatz mögen. Um das 80er Jahre Rock-Kraftpaket Roxette zu zitieren: „Listen to your heart!"

Der letzte Arpeggio-Fingersatz, den wir uns ansehen werden, ist ein sechssaitiges Am7b5-Arpeggio, das drei Oktaven umfasst. Noch einmal werden wir von der Septime des Arpeggios in jeder Oktave beginnen.

Beispiel 7k:

Beachte, dass diese m7b5 Arpeggio-Fingersätze in jeder lokrischen Tonart verwendet werden können, vorausgesetzt, du bewegst den Grundton zu der zugehörigen Tonart, um die gewünschte Tonart korrekt zu modulieren. Du kannst diese Formen auch über dem vii-Akkord in jeder ionischen Sequenz oder jedes Mal, wenn ein m7b5-Akkord auftaucht, ausprobieren.

Eine weitere interessante Tatsache (für mich zumindest – ja, ich bin ein extremer Sonderling!) ist, dass m7b5-Arpeggios über ii- und V-Akkorde in Dur-Tonarten gespielt werden können. Zum Beispiel können wir in der Tonart G-Dur ein F#m7b5-Arpeggio (F# A C E) über einem Am- oder Am7-ii-Akkord spielen, da es genau die gleichen Noten wie der Dreiklang plus die große Sexte (6.) hat, wodurch ein momentaner dorischer Abschluss hervorgehoben wird und auch ein Am6-Akkord angedeutet wird. Wir können auch ein F#m7b5-Arpeggio über einen D7-V-Akkord (D F# A C) spielen. Über diesem letzten Akkord wirkt es wie eine dominante None.

Teil 4: Lokrische Licks, die dir helfen, kreativ zu werden

Wenn du so weit gekommen bist, hast du dich wirklich gut geschlagen. Du weißt inzwischen, dass wir in Teil vier eines Kapitels alle Tonleiterformen und Arpeggios aus Teil drei übernehmen und sie in eine Reihe von sexy Licks und brauchbare melodische Ideen verwandeln. Dieses Kapitel ist keine Ausnahme, aber ich muss dich warnen ... einige dieser Licks sind ziemlich *umständlich!*

Dieser erste Lick verwendet die erste Position der A-Lokrischen Pentatonik. Wir werden die verminderte Quinte (b5) hervorheben (weil wir es müssen!), was zu einem vertrauten bluesigen Sound führt.

Beispiel 7l: Ein lokrischer bluesiger Lick in Pentatonik Position 1

Der nächste Lick verwendet ein A-Lokrischen Drei-Noten-pro-Saite-Fingersatz. Wir spielen die Tonleiter aufwärts und fügen ein paar Hammer-Ons ein, um den Effekt zu verstärken und zur Variation des Timings. Dieser Lick endet mit einem Halbton-Bend.

Beispiel 7m: Ein lokrischer, aufsteigender Shred-Lick mit Drei-Noten-pro-Saite-Fingersatz mit Legato und Halbton-Bend.

Das nächste Beispiel verwendet die zweite Position der A-Lokrisch-Pentatonik. Wir spielen mit mehreren Hammer-Ons und seltsamen Noten-Gruppierungen aufwärts, halten uns aber an einen konstanten 16tel-Noten-Puls. Der Lick löst sich mit einem Slide in ein absteigendes Am7b5-Arpeggio auf.

Beispiel 7n: Ein lokrischer Pentatonik-Fingersatz in Position 2 mit einem abwärts gespielten m7b5-Arpeggio.

Beispiel 7o verwendet die Kombination aus einem Am7b5-Arpeggio und einem Es-Dur-Arpeggio mit einer reinen Quarte über zwei Oktaven. Jedes Arpeggio wird aufsteigend mit Taps gespielt.

Dieser Lick ist eine interessante Alternative zu einem linearen Tap-Lick auf einer Saite, oder einem standardmäßig aufsteigenden Dreiklang-Arpeggio oder Sweep-Arpeggio. Wie du wahrscheinlich schon erraten hast, ist dieses Konzept nicht auf diesen Modus beschränkt. Wenn du die Noten entsprechend der Tonart, in der du dich befindest, austauschst, sind die Möglichkeiten grenzenlos. Also experimentiere!

Beispiel 7o: Ein lokrischer-Tap-Lick über zwei-Oktaven

Beispiel 7p ist ein über fünf Saiten aufsteigendes Am7b5-Arpeggio mit Triolenimpuls. Dann bewegt es sich mit einem D-Phrygischen Drei-Noten-pro-Saite-Fingersatz abwärts. Achte besonders auf die Hammer-On-Platzierung und den frechen Slide am Ende des Licks.

Beispiel 7p: Am7b5-Arpeggio mit D-Phrygischem, diatonischem Abstieg über fünf Saiten

Der nächste Lick verwendet die diatonische A-Lokrische Tonleiter in aufsteigender Form, aber ich habe die Reihenfolge der Noten vertauscht, um die Dinge interessant zu halten. Die Notenreihenfolge im Lick ist 1., 3., 2., 5., 7. und 6., und diese wiederholt sich über zwei Oktaven. Ich habe auch punktierte 8tel-Noten und normale 16tel-Noten verwendet, um das Timing interessanter und weniger vorhersehbar zu machen.

Beispiel 7q: Diagonal übers Griffbrett bewegender 1 3 2 5 7 6 lokrischer Lick

Hier ist eine Idee, die auf einem verminderten Arpeggio basiert und sich mit einem auf- und absteigenden Sweep über drei Saiten bewegt. Die Idee, den gleichen Lick auf dem Griffbrett in kleinen Terzen (drei Halbtönen) zu spielen, wurde bereits zu Tode strapaziert. Wenn möglich, ist der Lick noch offensiver, wenn er mit verminderter Harmonik gespielt wird! Aber da wir uns nicht in einer Harmonisch Moll-Tonart befinden, können wir mehrere Am7b5-Arpeggio-Fingersätze verwenden, die sich in jeder Position ändern!

Beispiel 7r: Am7b5-Arpeggio über drei Saiten in mehreren Positionen

Du wirst feststellen, dass ich diesen Lick am Ende wieder einmal mit einer tonleiterfremden Note spiele und diese mit einem Halbton-Bend zu einer Tonleiternote mache. Ich weiß, ich habe ein Problem, aber ich werde Hilfe holen.

Hier ist die A-Lokrische Pentatonik, die in Fünf-Noten-Gruppierungen aufsteigt. Dieser Lick wird mit viel Legato gespielt, um ihn weicher und lockerer zu machen!

Beispiel 7s: Ein lokrischer Lick in Pentatonik Position 3 mit Fünf-Noten-Gruppierung

Nun kommen wir zu einer weiteren Pedaltonidee – diesmal mit einer A-Note aus dem mittleren Register, gegen die wir die Noten der A-Lokrischen Tonleiter aufsteigen lassen. Der Lick hat einen Triolenimpuls und bewegt sich in einem aufsteigendem Am7b5-Arpeggio.

Beispiel 7t: A-Lokrischer Pedalton-Lick mit Am7b5-Arpeggio

Das letzte Beispiel verwendet zwei Oktaven der sechssaitigen Am7b5-Form, wie in Teil drei dargestellt. Es besteht hauptsächlich aus 16tel-Noten mit vereinzelten Legato-Triolen, um den Rhythmus aufzulockern. Es endet mit einem absteigenden A-Lokrischen Pentatonik-Fingersatz.

Beispiel 7u: Am7b5-Arpeggio über zwei Oktaven mit lokrischem Pentatonik-Fingersatz abwärts gespielt

Wie du weißt, kann alles in diesem Kapitel auf andere lokrische Tonarten übertragen oder über einem m7b5-Akkord gespielt werden, wenn es sich in einer Akkordfolge anbietet.

Schlussfolgerung & Danksagungen

Ich möchte mich bei den vielen Schülern bedanken, die ich im Laufe der Jahre hatte und die mich während meines Studiums und meiner musikalischen Reise begleitet haben. Ihr alle habt mich dazu gedrängt, musikalisch das Beste zu geben. Ich bin euch ewig dankbar dafür.

Ich danke den Freunden, die ich in der Melbourner Musikszene und über YouTube gewonnen habe – ihr alle wart eine enorme Unterstützung und habt mich bei meinem Schreiben und Auftritten inspiriert. Am wichtigsten ist, dass ihr mir geholfen habt, mich aus meiner schrecklichen und oft unausweichlichen introvertierten Blase zu befreien.

Zum Schluss möchte ich meiner wunderschönen Frau Lucie, meinem Sohn Alexi und meiner Katze Andrew P. Rodriguez danken. Ihr seid die Sonne in meinem Leben. Ihr alle schafft es immer wieder, mich jeden Tag zum Lächeln zu bringen und alles, was ich erreiche, geschieht mit eurer Hilfe, Ermutigung und Liebe.

www.ingramcontent.com/pod-product-compliance
Lightning Source LLC
Chambersburg PA
CBHW081434090426
42740CB00017B/3301